JN084454

大串夏身・金沢みどり【監修】

ライブラリー 図書館情報学・・・・・・・・・・・・・・・・・・ 9

那須雅熙・蟹瀬智弘【著】

〈第3版〉情報資源組織論及び演習

学文社

まえがき

　近年，図書館を取り巻く情報環境は激変している。図書館の本来の使命を果たすために，この変化に対応したビジョンや戦略が求められている。とくに，資料・情報の組織化については，情報通信技術の発達の影響を受けすさまじい変化を余儀なくされるとともに，新たな図書館サービスを支える基幹的な業務として，広い視野に立った迅速かつ的確な対応が求められている。

　図書館が扱う資料・情報には，さまざまな記録媒体（メディア）のものがある。図書や雑誌・新聞といった紙媒体の資料に紙媒体でない非図書資料が加わり，その媒体の種類は，科学技術の発達につれて，限りなく幅を広げている。さらに電子資料が加わり，印刷資料と非印刷資料という区別により電子資料を後者に含めて考えてきた。しかしながら，電子資料は CD-ROM や DVD のような物体として形のあるものだけでなく，インターネット上に流通する形のないネットワーク情報資源も生まれた。ネットワーク情報資源には，他の媒体を電子化した情報だけでなく，初めから電子情報として生産されるボーンデジタルがある。通信技術やインターネットの発展に伴い，あわせて膨大な数のネットワーク情報資源が流通しており，すでに私たちの社会基盤となっている。

　図書館はこのようなネットワーク情報資源も取り扱い，それに関する，またそれを含めた広範な図書館サービスを展開する必要が生じている。利用者の情報ニーズは，ますます複雑になり，高度化して，媒体を問わない適合したサービスが求められている。図書館は種類の異なる動力を組み合わせて，総合的な威力を発揮するハイブリッドライブラリーとして機能し，本来の使命を果たさなくてはならない。そのため，従来の資料組織化は全面的に見直され，総合的な情報資源組織化へ向けた取組みが開始されているのである。

　2012 年度から，大学において履修すべき図書館に関する科目においても，

これまでの「資料組織概説」および「資料組織演習」は，それぞれ「情報資源組織論」および「情報資源組織演習」となる。

これらは科目名が異なるため，独立した各冊の教科書とするのが通例であるが，本書では，これらを合体して一冊とした。理論と演習を一体的なものとすることにより，理論を具体的な実践に即してよりよく理解し，実践を理論に裏打ちされた確実なものにすることが可能になろう。科目単位の教科書にこだわる方々には，若干，中途半端な印象をもたれるかもしれないが，一定の学習効果が期待されるものと信じている。

変化のただなかで本書を執筆することは至難を極めたが，最新の状況をつかみとることに留意した。思いがけぬ理解不足や誤解がある場合は，忌憚のないご意見やご叱正をお願いしたい。

また本書が，一般の方々にも，技術的，専門的ではあるが，図書館の基幹業務である「情報資源組織化」について，基礎的な知識・教養を得ることに活用していただければ幸いである。

　　　2012 年 1 月　　　　　　　　　　　　　　　　　　那 須 雅 熙

第 2 版　まえがき

本テキストは幸い多くの方々に活用され，増刷も行ってまいりました。当初思いがけないミスが見受けられ，皆様には多大なご迷惑をおかけしましたが，第 2 刷，第 3 刷の段階で加筆・修正や索引の再点検を行ったところです。しかし，その後の情報資源組織化をめぐる環境の変化は一段と進み，最新動向を踏まえて全体的に内容を見直す必要が生じています。

今般，第 2 版を刊行するにあたって，可能な限り現代化，追加・修正，理解を促進するための工夫等を行ってみました。編集上の制約もあり抜本的に枠組みを変えることはできず，なお至らぬ点もあるかと思いますが，引き続きご利用いただければ幸いです。

　　　2016 年 1 月　　　　　　　　　　　　　　　　　　那 須 雅 熙

第3版　まえがき

　日本十進分類法新訂 10 版の刊行を機に，第 2 版では当時の最新動向を盛り込み加筆，修正を加えました。しかしながら，その後，情報資源組織化をめぐる環境の変化はさらに進み，新たな動向を踏まえて全体的に内容を見直す必要が生じています。

　特に目録法については，書誌情報サービスやシステムの在り方の検討に基づき，基本となる概念モデルの統合，それに依拠する目録規則の改訂がなされています。わが国では日本目録規則 2018 年版が刊行され，図書館界はその適用の準備に入っています。

　今般，第 3 版を刊行するにあたって，執筆者を補強し，主にその辺りの新たな動向に触れ，記述目録作業を改訂するとともに，全体に可能な限りの現代化，刷新，加筆・修正を行いました。引き続きご利用いただければ幸いです。

　2020 年 8 月

那 須 雅 熙

蟹 瀬 智 弘

目　次

第2部　情報資源組織演習

第1部　情報資源組織論

第1章
書誌コントロール

第1節　情報資源——資料・情報メディア・知識

　図書館が扱う情報媒体（メディア）には，大別して印刷資料と非印刷資料がある。

　印刷資料とは，文字どおり紙に印刷された資料である図書，雑誌，新聞，地図資料，楽譜等である。非印刷資料とは，アナログの録音資料，映像資料，写真，点字資料，マイクロ資料や，紙でも文書や自筆原稿のように書写された資料等を指し，電子資料も含む。電子資料とはデジタル・メディアであるが，これらは，CD，DVD等の「パッケージ系出版物」と，インターネットを通じて提供される各種のウェブ情報，電子書籍，電子ジャーナル，電子化資料等の「ネットワーク情報資源」に二分される。

　多くの資料は「もの」として有体の物理的形態をもつ媒体であり，これまで図書館はこれらを「資料」(materials) または「図書館資料」(library materials) と呼んできた。

　ところが，インターネットにより流通し提供されるネットワーク情報資源は各サーバーから発信される情報であり，物理的形態をもたない無体のファイルである。通常，私たちはこれらをパソコンや携帯汎用端末機等で受信し閲覧する。USBメモリー等にダウンロードしたり，プリントアウトでもしない限り，物体としてそれらを保持することはできない。

　このため図書館は，これら全体のメディアを総称する場合には「資料」と呼

ばず，「情報メディア」(information media）や「情報資源」(information resources)
と呼ぶようになっている。

　最近は，この情報資源にさらに「知識資源」も加えて，「知識情報資源」と
いう呼び方がされるようになってきた。認知科学では，情報を受ける人間の立
場から「情報は受け手の知識に変化をもたらすもの」と考えられている。出版
物やドキュメントのような知的所産が知識であることは言うまでもなく，個人
の脳のなかにある記憶もまた知識である。この情報化社会においては，実にさ
まざまな媒体，チャンネル，手段を通じ，知識や情報が流通している。知識が
情報になり，情報は知識に働きかけ，知識はさまざまな情報を得てこれまでに
ない新たな知識を生む。図書館はこのような幅広い「知識情報資源」の組織化
を行うことにより，社会全体の知識を共有する文化的な拠点として機能しなく
てはならないであろう。

第2節　組織化の目的，意義

1　目的，意義

(1)　本を探す

　個人の蔵書ならその分野も数量も限られている。極端なことを言えば，どん
どん積み上げていってもどのように並べておいても，必要な時はそれを探し出
して利用できるであろう。しかし，膨大な資料を扱う図書館では，そうはいか
ない。

　図書館で資料をさがす場合を考えてみよう。目録をひいて，お目当ての資料
がその図書館で所蔵されているかどうかを確認してから，利用する人はあまり
多くない。大概は開架書庫に直行して，資料を探すことが多いはずである。例
えば，書架上に著者順に本が並んでいれば，その著者の本をすぐに探せる。ま
た，書名の五十音順などで並んでいれば書名で探すこともできる。しかし，こ
の方法では，何か読みたい，あるテーマの本を探したいという場合には不便で
ある。そこで図書館は，本を並べるのに，同じ主題の本をまとめて並べること

にしている。

(2) 目録を検索する

　そうなると，著者や書名の場合は書架上で探せないので，図書館はそれらを目録で探せるようにしなくてはならない。また，主題の方も，目録では書架で探すよりももっと詳しく正確に調べられるようにしている。

　図書館は，大量の資料・情報を網羅的に収集・保存するとともに，蓄積した資料・情報を記録し，目録を作成してその存在を客観的に定義し，社会的に意義あるものとする責務を負っている。利用者は，その目録を通じて，保有している資料・情報の記録を同定・識別・検索することが可能となり，それへのアクセスが容易となるのである。

　このように利用者が資料そのもの，または資料に関する情報（書誌情報）にアクセスし，資料を利用できるようにすることを「資料組織化」と呼び，図書館の最も基本的，根幹的な仕事とみなされている。

2　テクニカルサービス（technical services）

　これまで図書館のサービスは，以下の3種類の業務を通じて遂行されてきた。

① 資料の選書・発注から受入までの収集業務（acquisition services）

② 資料の受入から整理，装備，排架・保存にいたる整理業務（technical services）

③ 利用者に資料を提供し，レファレンスや調査依頼に回答をする利用者サービス（user services, reader services, public services）

　このうち整理業務は利用者に直接接しない間接サービスであるが，利用者が資料を検索し利用できるようにする一連の業務であり，利用者サービスの基盤整備となる業務である。具体的には収集業務のうちの受入業務（accession work）から排架までの広い業務を意味している。

　業務の流れを図示すれば，図1.1のとおりとなる。図書と雑誌では，資料の性質から業務の流れが異なることに注意したい。後述するように，雑誌では図書と同じように目録を作成するだけでなく，一篇一篇の論文について記事索引

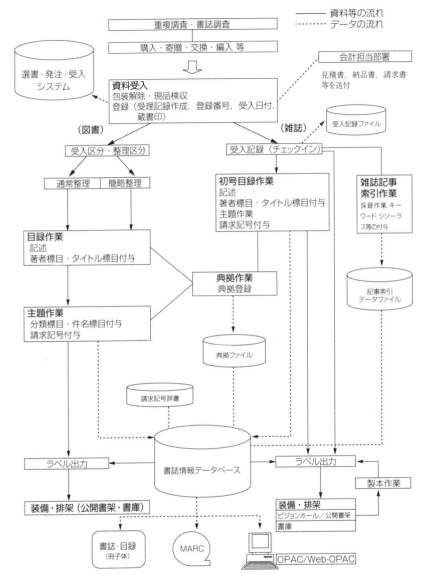

出所：日本図書館協会図書館ハンドブック編集委員会編『図書館ハンドブック』第 6 版補訂 2 版
日本図書館協会，2016，p.283

図 1.1　図書・雑誌の組織化の流れ

や抄録を作成することが望ましいからである。

　ところが，電子情報時代になると，図書館のサービスをめぐる環境は一変した。電子図書館のシステムを構築し，電子図書館ポータル等を窓口に，一次情報やさまざまなコンテンツを提供する総合的なサービスが求められるようになった。図書館はこれまで提供していた目録や書誌等のサービスに加え，インターネット資料，サブジェクトゲートウェイ，電子化資料，電子書籍，電子ジャーナル，機関リポジトリといったさまざまなコンテンツを提供するデータプロバイダーであるとともに，e-レファレンス，パスファインダー，チュートリアルといった電子情報サービスとも連携し，さらに外部のさまざまな情報資源にナビゲートも行うサービスプロバイダーとして機能する。図書館のサービスは「所蔵する資料を提供する」というサービスから「知識・情報資源に対するアクセスを保障する」というサービスに変化してきている。テクニカルサービスは，今や利用者が求める知識・情報資源に適切にアクセスするために，どのように知識・情報資源を組織化し，どのような情報システムを構築すればよいか，という総合的な情報資源管理を行うマネージメントでなくてはならないのである。

第3節　組織化の対象

1　資料の組織化

　図書館が扱う資料にはさまざまなものがあり，さまざまな属性をもっている。その属性に従って類別してみると，以下のようになろう。

　　① 著作（情報）の属性——表現形式，著作の言語，著作の内容
　　② 出版物としての属性——出版物か非出版物か，流通形態，記録媒体，刊
　　　行形式，出版地・出版者・出版年，情報量
　　③ 利用形態——編集形式，想定利用者

　これらの属性に従って，それぞれの目的・利用のされ方を考えながら，一定の原則に基づき，資料を整理しようとすれば，次のようなカテゴリーが考えら

れるだろう。

　受け入れ順，図書と逐次刊行物，刊行年順，大きさ別，出版者別，著作の
　言語，著者・書名，記録媒体別，利用形態・利用者別，資料が扱っている
　地域，資料が扱っている主題

　図書館では，これらの方法をさまざまなバリエーションをもってそれぞれの
場所で活用している。なかでも，資料が扱っている主題に基づいて，資料を主
題の相互関係により分類順に，書架上に排列することにより，利用者が求める
資料を探しやすくしているのが一般的である。

2　書誌情報の組織化

　ところが，すでに述べたように，書架上で資料を探す方法には限界がある。
書架上では，著者別に並んでいるところは限られているし，タイトルから探せ
るようにはなっていない。また，2つ以上の主題をもつ資料は一箇所にしか置
かれていないので，それ以外の主題からは探せない。同じ主題の資料が，図書
館のなかで分散している。資料が利用中のこともあり，いつも書架にあるとは
限らない，資料が主題でなく刊行年順や大きさ別のような並べ方（固定的排架）
になっていたり，資料が利用者の直接入れない書庫に保管されている（閉架式
の資料）というような場合には，実際に求める資料に到達するために，資料に
関する詳細な情報が別途必要である。

　したがって，図書館では，資料そのものを並べるだけでなく，資料に関する
情報（書誌情報）を作成し，資料の代替物として，その情報に多様なアクセス（著
者・書名・分類・件名からのアクセス）を可能にし，さらに他の図書館の蔵書への
アクセスも可能にしているのである。

　図書館や情報センターが作成する主な書誌情報には，目録，書誌，索引，抄
録等がある。資料には，さまざまなメディア（記録媒体）があり，その刊行形式
も異なる。それに見合った，適切な書誌情報を考えることが必要である。

(1)　目録

　目録とは，図書館や図書館群が保有する資料・情報に関する記録を整理（記

述および索引づけ）し，それを資料・情報そのものの「代替物」として検索可能にしたものである。そして，利用者が目録を検索することにより，①資料・情報の所在を確認しそれを入手するという物理的アクセスだけでなく，②資料・情報を広く探索・発見し，調査・研究するという知的アクセスを支援している。

目録は以下の３つの要素によって構成されるのが一般的である（p.24 の表 2.2 を参照）。

1) 記述

資料が求めているものかどうかを同定識別するための情報として，書名，著者，版，出版社，出版年，形態等が記録される。

2) アクセスポイント

目録を検索する手掛かりとなるアクセスポイントには，自然語と統制語とがある。

① 自然語（非統制語）

検索のときに思いつく日常使用している語のことである。書名中のキーワード，最新の語等がある。タイトル，出版者名，注記といった目録記述中に，その語が含まれていると検索できる。ただし，同義語，同音異義語の問題が生じる。

② 統制語

統制語とは，使用する語や記号を統一・統制した言語で，著者，無著者名古典，分類，件名，シソーラス等がある。主題検索では，統制語彙表から選んだ語を用いて検索する。同義語，同音異義語の問題を解消した統制語により，ノイズとモレの少ない適合率（精度）・再現率の高い情報検索が可能になる。統制語を一覧にし，排列した統制語彙表には，「件名標目表」や「シソーラス」がある。

3) 所在記号

資料の所在情報を表示する記号で請求記号，書架記号，排架記号とも呼ばれる。一般的には分類記号と図書記号で構成される。

⑵ 書誌（bibliography）

書誌とは，「著作，文献，および（または）書誌的対象資料のリストで一般に内容が著者，主題，出版地等で互いに関連をもっているもの」（『ALA 図書館情報学辞典』）[1] である。

このように図書館情報学では，書誌は「内容が著者，主題，出版地，資料形態等で互いに関連をもっている」ということで，目録とは厳密に区別してきた。具体的には，その国の出版物のリストである全国書誌（例：『日本全国書誌』等），ある特定の専門分野の文献リストである主題書誌（例：『社会科学論文総覧』『日本の農学関係書誌の書誌』等），ある人物に関する人物書誌（『定本三島由紀夫書誌』『憲政資料室所蔵伝記書目』等）の書誌が作成される。しかしながら，近年は，コンピュータに蓄積された同一のデータから書誌も目録も出力して作成されることが多く，資料に関する情報一般に対して「書誌」「書誌データ」「書誌レコード」といった言葉が使われるようになり，その区別が曖昧になっている。

⑶ 索引，抄録

図書館では，雑誌や新聞に載っている記事や論文に対しても，目録と同じように，その著者，タイトルから検索できるように「索引」を作成することがある。さらにその記事で扱われている主題を明示して，それらの主題からも記事を引けるようにしている。また，書誌情報に資料内容の概要を示した「抄録」を付して，一読して中身がわかるようにしている場合がある。

とくに情報管理やドキュメンテーションの分野では，抄録・索引サービスが行われ，中身に踏み込んだ構成レベルまで主題検索を可能にしてきた。図書に比べて雑誌は個々の論文についての書誌情報が必要となるため，雑誌の誌名目録だけでなく，「記事索引」（例：NDL ONLINE の『雑誌記事索引』，『大宅壮一文庫雑誌記事索引』等）を作成するのである。また，中身を知るには「抄録」（例：米国化学会の "Chemical Abstracts Service（CAS）"，各大学の『博士学位論文内容の要旨及び審査結果の要旨』等）が便利であり，論文の検索には不可欠のツールとなっている。

このような記事索引も目録と同じように，アクセスポイントとして自然語と

統制語が用いられる。

　自然語を利用した典型的な索引の例として，「KWIC（Keyword in context）索引」と「KWOC（Keyword out of context）索引」がある。論文のタイトルから索引語として有効と思われる語を抽出し，その語を中心に，前後のタイトルを付与した形で，音順に並べ，所在を表示する「KWIC 索引」は，索引語の使用文脈が明確となるが，タイトルが見づらいという欠点がある。一方，索引語を見出しにして音順に並べ，その後に索引語を含むタイトルや所在を表示する「KWOC 索引」は，KWIC 索引よりもタイトルが見やすい。

　近年は索引や抄録だけでなく，論文そのものである一次資料も電子媒体で一体的に提供することが行われるようになっている。そのためコンテンツの全文検索が可能になり，本文中のキーワードである自然語による検索が有力な手段となっている。

　論文や記事の著者については，目録のように統制語として典拠コントロール（p.30 参照）を行うことはあまりなされていない。主題に関する統制語としては「シソーラス」があり，記事索引のための各種のシソーラスが開発されている。

第4節　書誌コントロール

1　書誌コントロールとは

　「書誌コントロール」とは bibliographic control の訳語で，「書誌調整」とも訳される。図書館情報学辞典等では，以下のような説明がされている。

　① 根本彰「書誌コントロールの意義」『図書館情報学ハンドブック』[(2)]

　資料を記述したもの（書誌）を流通させることで，記述されたもとの資料を望むままに利用できるようなしくみを作ることを意味する。

　実際にそれが行われている局面として，根本は，①特定の種類（主題，形態，出版者等）の資料の書誌情報の組織状況，②特定図書館内の資料組織化，③特定地域，一国内，世界のような複数の図書館や書誌作成機関が存在する場での相互的な書誌組織化活動の3つをあげている。

② 『図書館情報学用語辞典』[3]

資料を識別同定し，記録して，利用可能な状態を作り出すための手法の総称。書誌調整ともいう。各館における資料組織化処理から始まって，国家や国際的な規模で標準的な書誌的記録を作成し，共同利用するための仕組みに至るまでの全体をいう。

人によって捉え方はさまざまであるが，「資料・情報の種類，書誌情報の作成機関，地域等といったそれぞれの局面において，知識資源の書誌情報の作成・流通・管理の体制を整備し，実行することを通じて，利用者のアクセスを保障し，その社会的な機能・役割を十分に果たすことを目的とする諸活動」と集約しておきたい。「出版物の入手可能性」（Availability of publications）という言葉とともに，知識社会の情報流通活動における図書館の根幹的な諸活動を，広く社会全体のなかで位置づけ，理解を得る場合に有効な言葉となっている。

2 書誌コントロールの機能

具体的な書誌コントロールの機能は，以下のとおりである[4]。

① 情報資源の存在の同定

情報資源を同定・識別し入手可能とする機能。出版者による出版情報，レビュー，主題別書誌リスト等。

② 情報資源の把握

書誌コントロール機関が，コントロール対象とする情報資源を把握する機能。蔵書として収集対象とし，所蔵にかかわらず作成する書誌の収録対象とすること。

③ 情報資源のリストの作成

諸標準に従い，情報資源のリストを作成する機能。目録や書誌の作成。

④ 情報資源への高度なアクセスの提供

情報資源そのままの記述ではなく，付加価値を加え高度なアクセスを提供する機能。標目付与，主題分析，典拠コントロール。

⑤ 情報資源の所在の指示や提供

情報資源の入手方法に関する情報，または情報資源自体を提供する機能。所在情報や資料の提供。

3 書誌コントロールの変化──図書館目録から情報組織化へ

情報通信技術の発展とインターネットの普及，メディアの多様化，図書館における電子図書館機能の展開により，書誌情報をとりまく環境は激変した。

図書館は，ネットワーク情報資源に対するメタデータとして主にダブリンコアに基づくメタデータを作成し，そのメタデータを共有するためのメタデータ構築事業を開始している（第5章「ネットワーク情報資源の組織化」で詳述）。

さらに図書館はネットワーク情報資源だけでなく全体的な知識・情報資源に対するアクセスを保障することが求められている。紙媒体と電子媒体の双方を扱うハイブリッド図書館として，これまでの図書館資料等も含め，広義のメタデータによる「情報組織化」を行う必要がある。従来の目録等の書誌情報とネットワーク情報資源のメタデータが統合され，さらに新たな情報環境に適合した総合的な「情報組織化」に向けて，検討や事業が開始されるとともに，情報通信技術の発展とその成果に基づきさらに進化し発展し続けている。

図書館は電子情報時代における新たな書誌コントロールについて考え，その最もよいあり方を早期に確立し，利用者に，知識情報資源全体へのアクセスを保障することができるようにしなくてはならない。

■注・引用文献──

(1) Young, Heartsill 編（丸山昭二郎ほか監訳）『ALA 図書館情報学辞典』丸善，1988，p.112

(2) 図書館情報学ハンドブック編集委員会編『図書館情報学ハンドブック』第2版，丸善，1999，pp.367-368

(3) 日本図書館情報学会用語辞典編集委員会編『図書館情報学用語辞典』第4版，丸善，2013，p.114

(4) 日本図書館協会図書館ハンドブック編集委員会編『図書館ハンドブック』第6版補訂2版，日本図書館協会，2016，pp.285-286

第2章
目録法

第1節　目録法

　目録法という言葉は2つの意味で用いられる。一つは目録を作成する方法のこと，もう一つはその方法を規則として集大成したものである。規則は，具体的に，まず各資料に関するタイトル，著者名，出版者，形態などを記録する「記述」の方法を定めている。次いでタイトル，著者や各資料が扱っている主題等のように，検索の手がかりとなるアクセスポイントのうち，統制語である「標目」を指示する方法を定めている。「標目」とは，「書誌的記録を検索する手がかりとなるもので，目録記入の冒頭に記載され，その排列位置を決定する第一要素。標目となるものには，タイトル，著者，件名，および分類記号がある」（『日本目録規則 1987 年版改訂 3 版』）と定義されている。目録は，そのような一定の規則（ツール）に基づいて作成され提供される。

　目録法は，その方法，目的，機能によって，「記述目録法」と「主題目録法」（または「主題組織法」）に二分される。また，実務の上でも分業されることがある。

　① 記述目録法

　記述の作成，およびアクセスポイントのうち著者標目とタイトル標目の付与を行う。

　② 主題目録法，主題組織法

　アクセスポイントのうち分類標目と件名標目の付与を行う。

①は，いわば資料の「顔，形」を記述し，著者とタイトルのアクセスポイントを示して，資料の識別・同定に役立てることを目的としている。②は，いわば資料の「中身」について分析し，そこで扱われている内容 (テーマ，主題) について分類するとともに，その内容にふさわしい件名を付与し，それらをアクセスポイントとして，主題から資料を探すことに役立てることを目的としている。

1　目録の目的

　カッター (Cutter, C. A., 1837-1903) が，1876年に『辞書体冊子目録規則』のなかで示した3つの目録の目的は以下のようなものであった。

　　① 著者，タイトル，主題のいずれかを手がかりに，図書を発見できるようにすること
　　② 著者，主題，文献の種類について図書館が何を所蔵しているかを示すこと
　　③ 版，性質 (文献またはトピック) を示し図書の選択を援助すること

2　目録の基本的機能

　利用者が目録を検索する目的は，1961年の目録原則国際会議で採択された「パリ原則」によれば，次のような3つの場合であろう。

　(1) 資料や文献の存在を知っており，著者や書名等について何らかの情報をもっている，すなわち「既知の資料」を検索し，その図書館がそれを所蔵しているかどうかなどを確認したいという場合

　目録は，そのような検索に対応し，特定の資料について，それを識別できるとともに，所蔵の有無を確実に示せる**識別機能** (ファインディング (finding) 機能) をもたなくてはならない。この機能に特化し，所蔵資料を識別可能な程度に簡略化したリストは，「ファインディングリスト」(finding list) と呼ばれる。

　(2) ある著者にはどんな著作があるのか，特定著作のどの資料を所蔵しているかを知りたいという場合

　また，パリ原則には触れられていないが，

(3) テーマや主題についてどんな資料が存在しているのかがわからない，すなわち「未知の資料」を探し，調べたいという場合もあろう。

目録は，(2) や (3) のような検索に対応し，著者や主題について適合した資料をどれだけ集められるかという**集中機能**（コロケーション（collocation）機能）をもたなくてはならない。

以上から，目録の基本的機能には，①「発見」，②「識別」，③「集中」，④「選択」があるといえよう。そのほかに，最近では⑤「入手」，⑥「関連づけ」も重要と考えられるようになっている。それらの機能については，国際図書館連盟（IFLA: International Federation of Library Associations and Institutions）の「書誌レコードの機能要件」（FRBR: Functional Requirements for Bibliographic Records）で考察されている。FRBR については，第 6 章「新たな情報資源組織化」第 1 節「メタデータの設計」2「メタデータの機能と概念モデル」において触れる。

3　目録の形態とその変遷

図書館の発展，資料の増大，科学技術の発展やメディアの発達は，目録の記録媒体や作成技術の発達をもたらした。記録媒体の発達に伴って目録の形態に変遷がみられ，そこに収録される目録情報のあり方も，形態に応じて発展してきている。

(1)　冊子目録 (book catalog)

本（冊子）の形をした目録で，古くから用いられていた記録方法である。アクセスポイントは限定的であるが，巻末や別冊の索引により豊富なアクセスポイントを提供することも可能である。携帯でき通覧性にすぐれるが，多くの人の同時利用はできない。データの修正や追加などが困難であり，内容の最新性を保てない。

(2)　カード目録 (card catalog)

目録記入が記録されたカードを，カードボックスに，目録の編成方法に応じて標目の種類ごとに一定順序で排列する形態の目録である。冊子目録同様アクセスポイントは限定的である。カードの排列に手間がかかるが，カードの訂正

や差し替えにより，冊子目録に比べてデータの修正や新規追加が容易である。一覧性はないが，多くの人が同時利用できる。利用場所に制約があり，携帯することができない。

　カード目録の編成方法には，①個別型目録（divided catalog）と②複合型目録（composite catalog）がある。個別型目録とは同種の標目をもつものを集めて編成した目録で，「タイトル目録」「著者目録」「件名目録」「分類目録」の４つがある。複合型目録は「著者・タイトル目録」「件名・タイトル目録」など，異なる種類の標目をもつものを複数組み合わせて編成した目録である。タイトル目録，著者目録，件名目録をまとめて音順に編成した「辞書体目録」や，著者標目および個人・団体の固有名をもつ件名標目とをまとめて音順に編成した「固有名目録」も複合型目録の一種といえる。

(3)　コンピュータ目録（computer catalog）

　それまで目録はカード目録や冊子目録が主体であったが，目録の作成や提供にコンピュータが利用されるようになり，さまざまな技術革新がもたらされた。

① 1960年代〜70年代にかけて，機械可読目録（MARC）の開発とMARCレコードを利用した図書館の機械化が進展した。

② 全国書誌作成機関や民間MARCといった集中目録作業および書誌ユーティリティへの参加，総合目録の作成といった共同目録作業が発達した。

③ 目録データは，磁気テープ，CD-ROM，DVD，ハードディスク等に収録される。当初はスタンドアローンのオフライン目録，オンディスク目録であったが，現在はネットワークで接続されたコンピュータにより直接アクセスできるようになっている。とくに利用者が直接的に目録用端末から検索できるようにした閲覧用目録をOPAC（Online Public Access Catalog）と称する。蔵書目録をウェブで公開するものはWeb-OPACと呼ばれ，インターネットにより場所と時間を問わず遠隔利用が可能となった。

　コンピュータ目録は，カード目録に比べて場所を取らず，ハード・ソフト両面で維持管理の経費はかかるものの，アクセスポイントが多様，柔軟な検索が可能で，データの流用，データ交換，データの新規追加や修正が容易である。

4 目録の記入方式

　図書館が所蔵する資料に対する個々の記録を,「目録記入」と呼んでいる。カード目録における1枚ごとの目録カード,冊子体目録における1件ごとの記録のことである。それに対し,コンピュータ(機械可読形)目録ではこれを「MARCレコード」と呼ぶ。記録媒体を問わず,これらを包含する総称的な表現としては,「書誌的記録」または「書誌レコード」(bibliographic record)という語が用いられる。

　コンピュータ目録では,表2.2のように①「記述」,②選定されたすべての「標目」,および③「所在記号(請求記号)」により構成されている。「記述」は,個々の資料のタイトル,責任表示,版,出版や形態に関する事項など書誌的事項を記録したもので,資料や版の自他について同定識別するために用いられる。検索のアクセスポイントには,「標目」および「記述中のキーワード」が用いられる。

　カード目録では,見出しとなる標目の決定は非常に重要なことであった。そのため,「基本記入方式」のように主標目の選定を重要なことと考え,それが記述の方法を規制するとともに,基本的に標目は記述されたもののなかから優先順位にしたがって選定するという方法が定着した。その後,標目は等価であるという考え方(「等価標目方式」)に従って,標目をのせない「記述ユニットカード方式」(表2.1)が生まれた。

　そもそもコンピュータ目録は等価標目方式にたっており,「標目」は,検索をするためのアクセスポイントとして活用され,すべての標目は等価の検索語となる。記述に縛られない自由な標目の選定を行えば,検索により適合した標目を提供し,検索者に多様なアクセスを保障することが可能になる。このため,近年では,記述と標目を分離する考え方が優勢である。一方で,標目は後述するように,著者,統一書名,固有名件名といった名称典拠レコードとして,厳密な維持管理(典拠コントロール)がなされる。

表2.1　記述ユニットカード

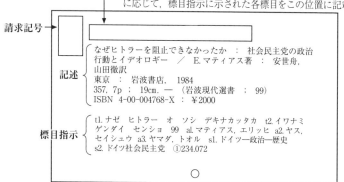

標目：編成する目録の種別（タイトル目録,著者目録,件名目録,分類目録）
　　　に応じて，標目指示に示された各標目をこの位置に記載する。

請求記号 →

記述
なぜヒトラーを阻止できなかったか ： 社会民主党の政治
行動とイデオロギー ／ E.マティアス著 ： 安世舟,
山田徹訳
東京 ： 岩波書店, 1984
357, 7p ； 19cm. ― （岩波現代選書 ； 99）
ISBN 4-00-004768-X ： ￥2000

標目指示
t1. ナゼ ヒトラー オ ソシ デキナカッタカ t2. イワナミ
ゲンダイ センショ 99 a1. マティアス, エリッヒ a2. ヤス,
セイシュウ a3. ヤマダ, トオル s1. ドイツ―政治―歴史
s2. ドイツ社会民主党 ①234.072

出所：『日本目録規則 1987 年版改訂 3 版』p.398「付録　カード記入例」に加工

表2.2　コンピュータ目録の表示例

所在記号	請求記号	234.072 - Ma94
記　　述 〔同定識別, 自然語の アクセス ポイント〕	タイトル	なぜヒトラーを阻止できなかったか : 　　社会民主党の政治行動とイデオロギー
	著者	E. マティアス著
		安世舟, 山田徹訳
	出版事項	東京
		岩波書店
	出版年月日等	1984.10
	大きさ, 容量等	357.7p ; 19cm
	シリーズ	岩波現代選書 ; 99
	ISBN	4-00-004768-X
	価格	2000 円
標　　目 〔統制語(書 名以外)の アクセス ポイント〕	タイトルよみ	ナゼ ヒトラー オ ソシ デキナカッタカ
	著者標目	Matthias, Erich ∥マティアス, エリッヒ
		安, 世舟∥ヤス, セイシュウ
		山田, 徹∥ヤマダ, トオル
	件名	ドイツ―政治―歴史 ∥ドイツ―セイジ―レキシ
		ドイツ社会民主党∥ドイツ シャカイ ミンシュトウ
	分類 (NDC10 版)	234.072

出所：国立国会図書館検索・申込オンラインサービス（NDL ONLINE）の検索結果に加工

第2節　目録規則と標準化

目録法を規則として集大成したものが，目録規則である。

目録規則は主要国で作成されているが，英語圏，ドイツ語圏のように言語圏により共通する目録規則を使用している場合もある。多くの目録規則は「記述の部」「標目の部」「排列の部」（別途，「排列規則」を用意する場合もある）により構成されているのが一般的である。

世界的な目録の標準化を推進するため，それぞれ「記述」および「標目」についての標準化が検討され，各国の目録規則のためのガイドラインが作成されている。多くの目録規則では，そのようなガイドラインに従って，時宜にかなった改訂がなされてきた。

1　書誌記述

(1)　記述の意義

記述の役割は，目録を検索した時に，探している資料を同定識別する判断材料を提示することである。既知の資料（書名や著者またはその一部を知っている）であれば，検索された資料が探している資料に間違いないか，また探している資料はどの版なのかなど，記述を見比べて選択される。未知の資料であれば，記述をみて，大体どんな資料なのかの見当がつくであろう。

(2)　記述の標準化

1971 年の IFLA の「国際目録専門家会議」（IMCE: International Meeting of Cataloguing Experts）において，国際標準書誌記述（ISBD: International Standard Bibliographic Description）の制定が合意された。図書館資料のメディアの多様化に対応し，これまで ISBD は，(M) 単行書，(CR) 逐次刊行物およびその他の継続資料，(G) 総合，(CM) 地図資料，(NBM) 非図書資料，(A) 古典籍，(PM) 楽譜，(ER) 電子資料が制定されてきた。

ISBD の規定を中心に，以下に，書誌記述の原則や枠組みについて概略を述べる。

(3) 記述の対象

1) 版

目録において記述の対象となるものは,「もの」として実体をもち, 一つの書誌的なまとまりをもつ出版物や刊行物である。しかしこの「もの」をよくみると, 実にさまざまな段階においてそれぞれの表現形式がとられていることがわかる。初めに知的・芸術的な創造物, すなわち思想または感情を創作的に表現した「著作」が出版される。その出版物は往々にして改訂や増補が加わり,「改訂版」や「増補版」が出版されることが多い。さらにその原作をもとに翻訳, 注釈, 翻案, 脚色, 映画化, 上演等のさまざまな表現がなされ, 新たな「著作」としてさまざまな出版物に具体化されている。

目録法では, これら出版物を「版」と呼び, それぞれの版における内容の違い, 媒体の違い等を峻別して異版として扱う。そして, この「版」を基本的な単位として扱い, どの著作に対しても版ごとに目録を作成するよう定めており, 記述の対象としている。

しかし,「版」に含まれる概念には性質の異なるさまざまなものが混在しており, それらを区別する必要が認められた。IFLA の『書誌レコードの機能要件』(FRBR: Functional Requirements for Bibliographic Records) のように, 版を「体現形」および「個別資料」に分け, 著作と版の中間に「表現形」という概念を設け, 著作と著作の関係や原作の翻訳, 注釈, 翻案, 脚色, 映画化, 上演等のさまざまな表現に目録が対応できるようにすべきであると考えられている。「書誌レコードの機能要件」については後述する (第 6 章「新たな情報資源組織化」第 1 節「メタデータの設計」2「メタデータの機能と概念モデル」参照)。

2) 単行資料, 継続資料

記述の対象となるものは, 原則として「単行資料」と「継続資料」に大別される。「単行資料」とは, 固有のタイトルをもち, 単独に刊行されたものをいう。また,「継続資料」とは, 完結を予定せずに継続刊行される資料をいい, 逐次刊行物と更新資料に二分される。逐次刊行物は一定の刊行頻度をもって逐次的に刊行されるものであり, 雑誌, 新聞, 年報, 年鑑, 紀要等がある。更新資料

は継続的に刊行され，その都度内容が追加されたり更新されるものであり，加除式資料，ウェブサイト，データベース等がある。

3）記述の単位

記述対象の単位として，例えば，雑誌やシリーズをなす図書，多巻もの等の場合，これらをどのような単位で記述すればよいかという問題がある。一冊，一冊，個別に記述するのがいいか（個別記入），まとめて記述した方がいいか（一括記入）については，さまざまな考え方がなされてきた。

『日本目録規則 1987 年版』や現行の『日本目録規則 2018 年版』では，「書誌階層」の概念が導入されており，書誌的な階層構造を明確にし，データベースの構成，データ間のリンク等を行いやすくし，検索の精度を高められるようにしている。

(4) 資料種別

最近は，メディア（媒体）の多様化によってさまざまな種類の資料・情報が存在しており，さらに新たなメディアが生まれる可能性もある。図書館は，このような多様なメディアを扱い，対応していくことが求められている。組織化にあたって，そのような資料種別を明確にし，また各資料種別に応じた適切な記述がなされていなければならない。ISBD もそれぞれの資料種別ごとに，(CM) 地図資料，(NBM) 非図書資料，(A) 古典籍，(PM) 楽譜，(ER) 電子資料の各篇を作り，それぞれの標準化を考えてきた。

(5) 記述の範囲（書誌事項）

1）エリア

ISBD では，記述すべき情報（書誌事項）を，類型的にいくつかの「エリア」(area) に大別し，そのエリアに含まれる細目を「エレメント」(element) として整理している。

エリアには，「タイトルと責任表示エリア」「版エリア」「資料特性エリア」「出版・頒布等エリア」「形態的記述エリア」「シリーズエリア」「注記エリア」「識別子（標準番号）と入手条件エリア」の8つのエリアが設定されている。

2) エレメント

各エリアにおいて，資料に具体的に示されており，資料の識別に必要とされる事項を，エレメントとして記述の対象項目とする。エレメントには，必須のものもあれば，やや重要度の低いものもある。各目録規則では，必須か選択かを指示している。

FRBR モデル（p.89 参照）が導入されてからの目録規則のエレメントは，ISBD に依拠するだけでなく，FRBR の属性を取り入れ設定されている。わが国の『日本目録規則（NCR）2018 年版』のエレメントについては，「第 2 部情報資源組織演習」の「日本目録規則（NCR）2018 年版の概要」のエレメントを参照されたい。

⑹ 記述の情報源と転記の原則

記述をするためには，どこを拠り所にして記述を行ったらよいかということが問題になる。資料・情報には，記述の情報源となるものがここかしこに存在し，各媒体により異なる。目録の整合性を図るためには，情報源とすべきものを定め，さらに書誌事項ごとに情報源を定め詳細化しておく必要がある。

記述は，資料の識別同定を目的に，それをやりやすくするために「顔，形」を記述するものであるから，身分証明書の写真と同じように実体を写したものでなければならない。主要な書誌事項については「転記の原則」が取られ，そっくりそのままを写しとるようにしている。

⑺ 区切り記号法

記述する言語は，記述の約束事として一定の文法が必要である。記述の構成，記述すべき各要素の範囲，各要素の語順が定められ，各要素に最も適切な表現方法が取られる。このように，記述言語には言語としての統語法が必要とされる。また，記述には，各国においてそれぞれの国語が用いられ，さらに複雑な要素が加わる。

ISBD では，記述された言語が一目見ただけで理解できるように，一種の句読点である「区切り記号法」を決めている。

これが，どの国の目録にも用いられれば，その国の言葉を理解できなくとも

書誌事項がわかり，目録を読み取ることが可能となる。

2　典拠コントロール

(1)　標目の意義

　目録の集中機能は，書誌記述だけでは十分に達成できない。このため，図書館では，著者，著作，主題に対して統一標目を設定し，検索の手段として提供してきた。標目の役割は，目録を検索する時の手がかりとなることである。記述目録法における標目には，「タイトル標目」「著者標目」，主題目録法における標目には，「分類標目」「件名標目」がある。タイトル標目は既知資料の検索に利用され，「識別機能」を果たす。主題標目は未知資料の検索に利用され，「集中機能」を果たす。それに対して著者標目は，双方の機能を果たしているといえよう。

(2)　標目の標準化

　1961年の「目録原則国際会議」(ICCP : International Conference on Cataloguing Principles) で採択された「パリ原則」は，標目および記入語の選定と形式に関する原則であり，これまで標目に関する国際標準として各国の目録規則に取り入れられてきた。パリ原則は基本的な考え方として基本記入方式を採用しており，著者基本記入の場合と書名基本記入の場合とがある。著者には個人名，団体名があり，それぞれ基本記入標目，副出記入標目が選定される。また，書名基本記入の場合には書名が基本記入標目として選定される。

　このパリ原則に変わる新しい目録原則の検討がなされ，2003年12月，IFLAの専門家会議から新たな「国際目録原則」(ICP: International Cataloguing Principles) が提案され，世界各地における合意形成がなされた。この原則については，第6章「新たな情報資源組織化」第1節「メタデータの設計」3「レコード設計とデータ項目の定義」で述べる。

(3)　標目の選定

　標目の選定は，検索に用いるアクセスポイントを提示することになるので，非常に重要な作業となる。

基本記入方式にはその基本記入標目を選定するための方針が必要となるが，等価標目方式の場合は，関係する標目を均等にあげることとなる。標目の形式は，一定の原則に従う。また，多数の著者が存在する場合に標目を何人まで選定するか，著作への関与や役割に関してはどのような基準をもつかなどを定めなくてはならない。さらに，タイトル標目の場合も，本タイトル以外の標目の取り扱いなどの規定が必要である。

⑷　典拠コントロール

　図書館では，書誌的記録（書誌レコード）の標目となる個人名，団体名，統一タイトル，シリーズ名，件名などの各標目の統一を図るため，典拠形を定め，それらが一貫して使用されるよう維持管理してきた。この「個々の典拠形に，識別に必要なその他の情報，典拠形に対する参照形，典拠形を定め参照指示の根拠となった情報源等で構成されるもの」が典拠レコードと呼ばれ，これらのデータベースである典拠ファイルを使用して，綿密な「典拠コントロール」を行っている。

　例えば，国立国会図書館の著者名検索によれば，「鈴木健二」という姓名の著者が，以下のように 11 名存在している。

　　鈴木，健二，鈴木，健二（1922-），鈴木，健二（1924-），鈴木，健二（1928-），鈴木，健二（1929- アナウンサー），鈴木，健二（1929- 美学），鈴木，健二（1941-），鈴木，健二（1942-），鈴木，健二（1944-），鈴木，健二（1945-），鈴木，健二（1957-）

　もし典拠コントロールがされていなければ，おそらく「鈴木健二」の多数の著作が著者により厳密に区別されることなく入り乱れ，誰の著作なのかわからないことになる。典拠コントロールや著者・著作の集中ということの意義や重要性が理解されるであろう。統一標目の設定を効果的に機能させるためには，統一形に対するさまざまな異形からの参照が必須であり非常に重要である。参照には，「を見よ」の一方参照と「をも見よ」の相互参照がある。この２つの参照を備えることにより，広がりのあるアクセスが可能となり集中の機能が果たされる。

　国立国会図書館の典拠レコードでは，例えば，標目「Shakespeare, William,

1564-1616」に「シェークスピア」「シェクスピア」「シェイクスピア」「シェイ
クスピア，ウィリアム」「沙士比阿」といった各種の「を見よ参照」が付され
ている。

　信頼のおける機関が著者名を統一し維持管理する典拠コントロールの意義
は，検索の精度や著者における集中機能の保障にとどまらず，文化機関，出版
界，著作権管理機関にもたらす社会的意義は大きい。しかし，典拠レコードの
作成・管理は，目録作成業務のなかでも専門的であり，手間とコストのかかる
作業である。作業の合理化のみならず，精度の高い検索を保障するためには，
典拠レコードの共同構築と共有が必要である。わが国においては，全国書誌作
成機関である国立国会図書館が標準的な典拠レコードの作成を行い，全国的な
標準化を行っていく責務がある。しかしながら，同館は冊子体の典拠録を刊行
していた時代もあったが，長い間，その典拠ファイルを公開することがなかっ
た。現在は，件名典拠データと合わせて「典拠データ検索・提供サービス（Web
NDL Authorities）」[1]の提供を行っている。日本の著作人名典拠の国内的統一が
図られ，今後の国内外における一層の普及が期待される。

　国際的には，OCLC，米国議会図書館，ドイツ国立図書館の三者により開
始された「バーチャル国際典拠ファイル」（VIAF: Virtual International Authority
File）があり，ウェブ環境における典拠ファイルの国際的共同構築，共同利用
が推進されている。また，論文の執筆者等の筆者名コントロールとしては，研
究者識別子（ORCID：Open Researcher and Contributor ID）のシステムが稼働して
おり，日本からは国立情報学研究所（NII）等が参加している。将来は，総合的
な連携が望まれる。

3　各種目録規則

(1)　日本目録規則

　日本においては，日本図書館協会目録委員会が編集，作成している『日本目
録規則』（NCR：Nippon Cataloging Rules）が最も標準的な目録規則であり，大部
分の図書館において使用されている。

NCR では，1987 年版ではじめて目録の機械化への対応について言及された。これにより個々の書誌的事項の同定識別を明確にする必要性から「書誌階層」の概念が導入されるとともに，原則として「単行資料または逐次刊行物」を記述の対象とする規定が盛り込まれた。また ISBD 区切り記号法の採用や記述の精粗も導入された。図書に関しては日本語で書かれたものを主としつつも漢籍および洋書も規定している。非図書資料についても一部を除いて規定が完成された。

　その後，1994 年の改訂版においては，「静止画像」「三次元工芸品，実物」「非刊行物」を追加した。さらに多様な形態の電子資料が利用に供されるようになると，改訂 2 版では，ISBD（CF）の ISBD（ER）への改訂に合わせて第 9 章の「コンピュータファイル」を「電子資料」とし，大きく改訂し対応した。

　2006 年の改訂 3 版では，まず，第 2 ～ 3 章に和古書・漢籍関連条項を追加した。次いで，インターネット情報資源の登場によりこれまでの図書・逐次刊行物の二分法によってはとらえきれない資料群に対処するための ISBD（S）から ISBD（CR）への改訂，英米目録規則第 2 版の第 12 章（逐次刊行物）の改訂といった国際動向を踏まえ，第 13 章を従来の「逐次刊行物」から「継続資料」（「逐次刊行物」および「更新資料」：ルーズリーフ，データベース，ウェブサイト等，継続して刊行される資料のうち内容が更新されていくもの）とした。

　さらに新たな情報環境の変化に対応した目録規則として，2018 年 12 月に，最新の『日本目録規則 2018 年版』が刊行された。『日本目録規則 2018 年版』については，「第 6 章　新たな情報資源組織化」「第 1 節　メタデータの設計」「3．レコード設計とデータ項目の定義」の（4）新たな日本目録規則で詳しく解説するとともに，この規則に基づく演習については，「第 8 章　記述目録作業」において学ぶ。

(2)　英米目録規則

　現代に継承された近代的目録法は，18 世紀終盤に始まり，19 世紀に加速的展開をみ，20 世紀に成立したものである。

　英国では，1841 年にパニッツィの「目録編纂規則」，米国では，1852 年に「ジューエットの規則」，1876 年にカッターの「辞書体冊子目録規則」が作成され

た。その後，英語圏の目録規則の統一性が求められ，「英米合同目録規則1908年版」が作成されたが，英米で個別の刊行となった。1949年には，記述では「米国議会図書館（LC）記述目録規則」，標目では「ALA目録規則（標目）第2版」がそれぞれ評価されたが，ALA目録規則には規則の重複や冗長性が多く見られ，改訂版の検討が進められた。こうして1961年に発表されたパリ原則に基づいて策定されたものが「英米目録規則1967年版（AACR1）」である。その後の英米目録規則の改訂は，以下のとおりである。

① 英米目録規則第2版　1978年版（AACR2），1988年改訂版，1993年修正事項，1998年改訂版

1969年にコペンハーゲンで開催された「国際目録専門家会議」（IMCE）ではパリ原則に含められなかった書誌記述の国際標準化について議論され，それをもとにして国際標準書誌記述（ISBD）の策定が開始された。目録の機械化や書誌ユーティリティの進展もふまえ，ISBDに対応することを目的としてAACR1の改訂が行われた。改訂においてはパリ原則を尊重するAACR1の精神を受け継ぎつつ，北米版と英国版の文言を統一すること，AACR1において不十分であった非図書資料関連の規則を充実させることなどが盛り込まれた。

② 英米目録規則第2版　2002年改訂版

1999年以降の改訂を統合し2002年改訂版が刊行された。「地図資料」の全面改定や，ISBDの変更に即して「コンピュータファイル」を「電子資料」，「逐次刊行物」を「継続資料」とした点が主要な変更である。また，記述の対象を現にある資料の種別（type of materials）とし，多様なメディアに対応するため「資料のあらゆる側面を明らかにすることが重要」という考え方に変更した。

さらに新たな情報環境の変化に対応し，AACR2に代わるRDA（Resource Description and Access）が刊行され，現在，世界の多くの図書館で使用されている。RDAについては，p.92で詳しく述べる。

■注・引用文献──
（1）https://id.ndl.go.jp/auth/ndla（accessed 2020.4.4）

第3章
主題分析・主題組織法

すでに述べたように図書館では資料を分類して書架に並べ（書架分類），主題から本を探せるようになっている。しかし，この方法には限界があるため，分類や件名等の主題のアクセスポイントから目録を引けるようにしている。こういう方法のことを，「主題目録法」と呼ぶ。

日本の図書館界は，これまで主題目録法に対する取り組みが弱く，主題目録を編成することが行われなかった。しかしながら最近は，主題から資料・情報を探すこと，すなわち求める資料が特定されていない場合（未知の資料）に，主題を手がかりとして，その主題が扱われている資料を検索する「主題検索」が行われることが多くなっている。

第1節　主題分析・主題組織法の意義

主題検索には，「主題分析」によって資料・情報で扱われている主題を明らかにし，それを一定の索引語に置き換え，索引づけする「主題組織法」や「主題索引法」の重要性が認識されている。OPACや図書館ポータルにおいて，正確な主題検索ができるよう，それに適合した「主題組織法」「主題索引法」が求められているのである。

1　主題分析

資料が何について書かれたものか，どんな風に書かれたものかを分析し，その主題概念や形式を抽出し要約すること。具体的には，日常的な文章で表現し

たり，言葉やキーワードに置き換えたり，それらを系統的に並べることである。

2 翻訳

　主題分析され，要約された概念を誰もが共通に理解できるような特定の索引語に翻訳し組織化する。索引語を付与する方法には，「抽出索引法」と「付与索引法」の2つの方法がある。前者は，索引対象とする資料中の本文や論題に実際に現れる語を索引語として用いる方法で，後者はその資料とは別に，検索のために用意された索引語彙のなかから適切な索引語を選んで付与する方法である。

第2節　索引言語システム

1 自然語と統制語

　目録や書誌データベースを主題検索するための索引語（キーワード）は，自然語と統制語の2つに大別される。

1）自然語（非統制語）

　主に，資料中の（タイトルなどに含まれる）名辞（語）をそのまま索引に用いるもの。言葉であるから，同義語，同音異義語，関連語の問題が生じる。統制語の方は，これらの問題に，可能な限り対応している。

2）統制語

　資料中の名辞（語）や資料が扱っている主題をなんらかの名辞（語）や記号に変換するもの。狭義にはこれを索引言語と呼ぶ。図書館では，この統制語による「索引言語システム」を構築して，主題検索ができるようにしているのである。

2 索引言語システム

　図書館で使用される「索引言語システム」には，「分類法」と「件名法」がある。
　索引言語とは，索引語彙（索引語の集合・語彙集）とその使用法のことである。索引言語には，われわれが日常使っている日本語と同じように，それ独自の

文法があり，語彙と語彙の意味的な関連づけを行う意味論（semantics），語彙の列挙順序を示す統語法（syntax）およびその索引言語を使用する際の使用法（pragmatics）で構成されているといえよう。

(1)　概念体系と言語方式

「分類法」は概念体系を利用した索引言語システムであり，索引語として記号を用いる。

また，「件名法」は言語方式の索引言語システムであり，索引語として語を用いる。しかしながら，語には同義語，同音異義語，関連語の問題が生じる。ある語を検索したとする。ある語の同義語については，それが思いつかない限り検索できず沈黙してしまう。また，ある語の同音異義語の場合は，必要もないのに検索され，ノイズとなる。関連語についても，余程の語彙力と想像力がないと思いつかないものである。シソーラスは，これらの問題を解消し，語の間に階層性をもたせ関連語を明確にしたものである。 最近の件名法はシソーラスと同じようにこれらの問題に対応し，シソーラス化することにより改善されてきている。

(2)　事前結合索引法・事後結合索引法

資料では，複数の主題が扱われることが多い（第9章「主題目録作業」第1節「主題分析」4「主題の種類」参照）。単一の主題であれば単一の概念を表す索引語を付与すればよい。しかし複数の主題に対しては，それを表すために，その主題を構成している複数の概念を組み合わせた索引語を付与しなくてはならない。

索引言語システムには，このような複数の概念の組み合わせに対応するため，二種類のシステムが用意されている。それは，事前結合索引法（pre-coordinate indexing）を前提とするものと，事後結合索引法（post-coordinate indexing）を前提とするものである。

1)　事前結合索引法

索引の作成者が，資料の主題に含まれる概念に対応する索引語をあらかじめ組み合わせておき，それを検索する時に活用してもらう索引法で，概念の重要性や論理性に従って，索引語を一定の順序に並べることを前提とする。通常，

並べる順序には，分類順や名辞の音順が採用される。

　例えば，「日米関係」を扱った主題を考えてみよう。事前結合索引法では，同じ「日米関係」を扱った主題について「日本の対米関係」という主題は「日本—国際関係—アメリカ合衆国」という順序で名辞を組み合わせて索引づけし，「米国の対日関係」という主題は「アメリカ合衆国—国際関係—日本」という順序で名辞を組み合わせて索引づけする。この２つでは排列位置が全く異なってくる。このような名辞の組み合わせ順序は，「列挙順序」または「引用順序」（citation order）と呼ばれ，この順序を規定するための規則は統語規則と呼ばれる。

　検索結果においては，「対米関係」「対日関係」と絞り込みが徹底するのでノイズが減る。

2）事後結合索引法

　索引の作成者は，概念の相互の関係性や順序関係（列挙順序や統語規則）を考えずに，個別に索引語を設定しておき，それを検索する時に，検索したい主題に応じて，ブール演算子などを用いて個々の索引語を適切に組み合わせてもらうことを前提とする索引法。

　事後結合索引法では，「日米関係」という主題であれば，「日本」「国際関係」「アメリカ合衆国」という名辞が，個別に（組み合わされずに）索引語として付与される。そして，検索要求を受けた後，論理積（and），論理和（or），否定（not）によるブール演算を利用して，索引語が組み合わされる。検索結果においては，「日米関係」の網羅的な検索が可能となり漏れが少ないが，「日本の対米関係」について検索したい場合には，「米国の対日関係」という余分な主題も検索されノイズが増える。

　従来の図書館の索引言語システム（分類法，件名法）は，事前組み合わせを前提とするシステムであるが，今後はコンピュータ検索に対応した，事後組み合わせを前提とするシステムに改善していくことが求められている。

⑶　複数の主題（「複合主題」「混合主題（相関係）」）

　最近は社会が複雑になって，ますます資料で扱われる主題も複雑になり，主

題間で関係をもったり，または複合したりする主題や学際的な主題が増えている。

　主題索引法では，概念の組み合わせを確実なものとするため，ファセット（facet）という考え方が導入されている。もともとは，宝石やカットグラスのカット面のことで，多面体のそれぞれの面を指す言葉である。索引法では，一般に多面的である事物や現象を分析するための観点に対して，その観点ごとに，それぞれに属している単一概念（フォーカス：focus）の集合のことをファセットという。

　例えば，「イギリス文学」は，文学という主題における「言語」という面（ファセット）のうちの英語という一つのフォーカスに位置づけられる。文学という主題は，言語，ジャンル，時代，地域といった特性が考えられるが，言語という特性を適用すれば，イギリス文学，ドイツ文学，フランス文学などが得られる。一方，文学をジャンルという特性で区分すれば，詩，小説，戯曲などが得られる。したがって「英語で書かれた詩」は，言語というファセットにおける「イギリス文学というフォーカス」と，ジャンルというファセットにおける「詩というフォーカス」の2つのフォーカスで構成されている。このように一つの文学という主題分野において複数のフォーカスをもつ主題のことを**複合主題**（compound subject）と呼ぶ。

　それに対し，異なる主題分野に属する主題が相互に関係し，相互に作用することにより構成される主題のことを**混合主題**（complex subject）と呼ぶ（理論的には，学問分野として確立されたディシープリンのような明確なそれぞれの知識領域にある複数の相（phase）が相関係（phase relation）を形成する主題が混合主題であると説明される）。相関係には，並列的に扱われる複数主題である一般的相（紙と天然繊維），影響関係を扱う影響の相（儒教がケネーの経済学に及ぼせる影響），比較を扱う比較の相（英独比較文法），ある主題が他の主題を研究する方法や手段を扱う手段の相（小説の精神分析的解釈），偏向の相（銀行員のための実践数学入門）等がある。実際の資料ではこれらの相関係が主題になることが多いので，『日本十進分類法（NDC）』は相関係の対処法を分類の一般的な基準として「分類規程」

に含めている（第2部の演習で詳述）。

　索引言語システムでは，複合主題や混合主題に対して，主題分析の方法を改善しより適切な索引法を考えることにより，主題検索の効果を高める必要がある。

第3節　分類法

1　分類の基本原理

　図書館の分類について述べる前に，分類の基本原理についてみることにしたい。論理学や哲学で用いられている分類の本来の意味や考え方は以下のようである。

(1)　分類（classification）

　多くの事物を共通の性質の有無によって種類別にまとめ，体系的に排列すること。分類は事物の本質的属性に基づかねばならない。

　　自然的分類：その種類全体についての多くの一般的な命題が成り立つもの

　　人為的分類：便宜上，非本質的な性質によって事物を分類すること

（『岩波小辞典哲学』岩波書店，1958年）

(2)　集めることと分けること

　分類は，本来的には意味の狭いものから広いもの，特殊なものから一般的なものを類に集める帰納的な操作（集めること）であるが，実際問題としては，区分という逆の過程をとって，一般的なものから特殊なものを演繹的に引き出す操作（分けること）となる。このように，分類においては集めることと分けることは表裏一体的なものである。

　図書館の分類も，分類表に区分され，列挙されている事項にあてはまる資料を分類していくことで，結果的に，類書が集まることになっている。

(3)　区分（division）

　では，この区分は，通常どのように行われるものだろうか。動物を脊椎動物と無脊椎動物に分ける場合を考えてみよう。区分される動物という対象である

被区分体（類概念）を脊椎があるかどうかという一定の目安に従って，脊椎動物，無脊椎動物という区分肢（種概念）に分けていく。この目安を区分原理，区分特性と呼ぶ。

(4) 区分の原則

論理的に区分が行われるためには，以下の原則が必要である。

① 区分の各段階は一つの原理に基づくこと。さもなければ，区分肢が相互排他的にならず「交差分類」となる。

② 区分は種の総和が被区分体（類）の全域を包括するよう，網羅的であること。

③ 区分は段階的に飛躍がなく，できる限り漸進的であること。

2 分類法の意義・機能・効用

図書館の分類法も，1で述べたような分類の基本原理や手法を主題組織法に適用したものである。区分もその原則に則り，論理的に矛盾のないように考えられている。

しかしながら，分類する資料は，人間の知的活動の所産であるとともに叙述の形式は著者によって異なり，編集・出版上も資料形態や形式はさまざまである。自然的な分類や学問分野の分類に基づくだけでなく，その主題に関する他の資料の存在およびその量といった文献的根拠（literary warrant）や資料の種々の形式を考慮する実用的な人為的分類でなければならない。

図書館における分類は，資料そのものとそれに関する主題情報を，その主題概念ないしはその形式の類似性に基づいて類別し，文献的根拠も考慮しながら，それが属する学問分野を区分してそれに相応しい分類項目を設定することである。そうすることにより，資料そのものとそれに関する主題情報を，体系的に配列し，資料の系統的な利用の効率を高める技術であるといえよう。

以下に，分類の機能とその効用をまとめておく。

(1) 分類法に求められる機能

① いかに複雑な主題であっても，分類体系の序列のどこに存在しているか

が常に正確にわかること

② ある主題の排列位置に，その前後に関連資料が見つけられること

(2) 分類の効用

① 図書館にとっては，資料の排架，蔵書構成の分析・評価，利用調査が容易，類書の集中による研究調査，主題書誌の作成，特定の資料展示が容易，蔵書点検，標準分類表の使用による書誌情報の共有といったメリットが考えられる。

② 利用者にとっては，資料の接架利用，蔵書構成の認識，特定主題の検索，類書の検索，知識の体系づけ，分類記号による効率的検索等のメリットがあげられる。

3 分類法の類型

　分類法の意義・機能・効用についてみてきたが，実際の各分類法（表）は，使用範囲，対象主題分野等のさまざまな目的に応じて，それぞれの機能を効果的に発揮できるように作成されている。分類法（表）はいくつかの観点から類型化ができ，それぞれのタイプに名称が与えられている。各種分類法（表）について述べる時に，これらの呼称を用いると特徴がよくわかり比較しやすい。

(1) 機能：書架分類法と書誌分類法

　分類の対象は資料そのものとそれに関する主題情報であるが，それぞれのあり方がある。資料を書架上に排列するための分類を書架分類と呼び，目録や書誌に収録する主題情報を主題別に体系的に排列するための分類を書誌分類と呼ぶ。

　書架分類では，複数の主題は一箇所におくことを考え，分類項目ごとに一定のスペースを置いて資料の増加に対応するとともに，資料が増えると随時平行移動を実施しなくてはならない。しかしながら，書誌分類では資料の位置に関係なく分類を考え，主題分析の深度を深めることができる。

　そのため，最近は，書架分類と書誌分類を分離して考えるようになっている。この方法には，以下のようなものがある。

① 資料は管理上，あるいは利用上最も便利な位置に分類排架し，その主題

情報には精密な書誌分類を施し，検索のために提供する（例：国立国会図書館分類表）。

② 資料の収蔵能力を高めるため，資料を固定排架し，主題情報には精密な書誌分類を施し，主題検索を充実させる。この場合は，資料の接架利用はできないので，目録を検索して位置情報を知ってからの間接利用となる。

(2) 使用範囲：標準分類表と一館分類表

多くの図書館で共通に採用されている分類表を標準分類表といい，一館独自に使用するものを一館分類表という。標準分類表は，一般に特定の維持管理機関によって恒常的に標準化が行われている。一館分類表は，独自に作成した図書館のコレクションや性格を反映しており，他館では利用しにくい。後者の代表的なものに，『米国議会図書館分類法』(LCC) や日本の『国立国会図書館分類表』(NDLC) がある。

(3) 対象主題分野：一般分類表と専門分類表

知識の全分野を対象とする包括的な分類表を一般分類表といい，特定の主題分野を対象とするものを専門分類表という。 一般分類表は，多様なコレクションを扱う図書館で利用されるため，主題分野の配置について一般性があり，区分が合理的，漸進的でなければならない。世界の主要な分類表や国内外の標準分類表は，この一般分類表に属する。

専門図書館は，その専門分野に応じた専門分類表を作成し，または既成のものを使用し，専門的なコレクションによる独自のサービスを行う環境を作っている。後者の代表的な分類表に，『最高裁判所図書館図書分類表—和漢書用』や科学技術振興機構 (JST) の『JST 科学技術分類表』がある。

(4) 記号法：十進分類法と非十進分類法

主題を記号で表し順序を示すものであるが，以下のような記号法がある。

1) 純粋記号法と混合記号法

分類記号に文字のみ，または数字のみのように一種類の記号のみを使用する記号法が純粋記号法である。それに対し，文字と数字，または数字と符号の組み合わせのように，2種類以上の記号を使用する記号法が混合記号法である。

2）十進記号法と非十進記号法

0から9を基数とし，9の次の整数を1と0によって10と表し，順次位を進める基数法が十進法であるが，それを分類記号法に応用したものが，十進記号法である。これは，知識を9区分し，そのどれをも含み，そのどれにも属さないものを0と表して10の区分肢を作り，その区分肢を順次区分していくことにより構成される。通常，上から3桁目に小数点が打たれ，下位への展開を可能にしている。常に9区分が必要であるという制約があり，受容性に乏しいが，数字に階層性，伸縮性があり，同じ数字の意味を統一し単純で覚えやすくする「助記性」(mnemonics) がある。

非十進記号法は，文字通り，数字の十進性を用いない記号法で，文字あるいは文字と自然数の組み合わせが用いられる。十進記号法のように，階層性，伸縮性，助記性はないが，記号の区分能力 (アルファベットの組み合わせで 26×26 = 676) は高い。

十進分類法は，文字通り十進記号法を用いたものをいうが，数字のみの純粋記号法と混合記号法の双方をとる場合がある。また，非十進分類法は，いうまでもなく十進記号法を用いないが文字のみのもの，文字および数字を組み合わせたものの双方の場合がある。

(5)　体系の表示構造：列挙型分類法と分析合成型分類法

分類体系を表示する方法には「列挙表示」と「合成表示」の2つの方法が考えられる (図 3.1)。

まず，その構造が階層的である場合には，全体から部分へ細分し，区分肢をそのつど表示する「列挙表示」を行うと，階層的な体系がわかりやすく示せる。しかし，構造が多次元的な場合には，列挙表示では一面的な表示になり，主題間，概念間の関係を表現することは困難である。そういった場合には，ある概念がもつ各要素と他の概念のもつ各要素を明示し，その要素を適宜合成できるようにした「合成表示」が向いている。

（列挙表示）

（合成表示）
英語：詩 （言語ファセット：ジャンル・ファセット）
言語ファセット：日本語，中国語，英語，ドイツ語，フランス語
ジャンル・ファセット：詩，戯曲，小説，評論，日記・書簡

図3.1　列挙表示と合成表示の具体例：英語で書かれた詩

　分類表も階層構造を表示するときは「列挙型分類法」，多次元構造を表示するときは「分析合成型分類法」のような表示法となり，それぞれタイプの違う分類表が存在している。

1）列挙型分類法

　資料の分類表の体系は，物理的，具体的な資料が扱っている情報内容の集合である主題概念を相対的に上位の類概念から下位の種概念まで，その外延を区分して作られる。そしてその区分された主題を分類項目として，あらかじめ一表のうちに設定し，網羅的に列挙したものが列挙型分類法である。

　分類作業の際は，分類しようとする資料の主題に適合する分類項目（記号）を選択して与えることになる。ところが，資料では複数の主題が扱われることが多いので，単一の主題ばかりでなく複数の主題も列挙しておかねばならない。複数の主題には，相の関係を扱った混合主題や，基本的な主題に他の概念が複合している複合主題などいろいろなものがある。考えられるだけの複数の主題を想定して分類表中に項目を用意するのであるが，実は，そんなことは不可能に近い。そのため列挙型分類法では，補助分類表や組み合わせの記号を用意して，複数の主題に対応しているのだが，おのずから限界がある。

2）分析合成型分類法

　そこで，インドのランガナータン（Ranganathan, S. R., 1892-1972）は，分類項

目を列挙するのは最低限必要なものだけにして，主題の概念的な分析を行って
その分析結果を合成するという方法を考案し，1933年に『コロン分類法』(CC:
Colon Classification)[1]を公刊した。CCではすべての分類項目をあらかじめ列挙
するのではなく，各主題分野を分析してえられる基本的な要素（観点）と，そ
の各要素を構成している単一概念（各要素は単一概念の集合体）どうしの結び付け
方を示した。分類作業の際は，資料の主題に応じて基本的な要素を分析し，そ
れぞれの要素における単一概念の記号を合成して与えることとなる。

　各主題分野（主類）がいくつかの区分特性（区分原理）によって区分されるとす
れば，一つの特性を用いて区分してえられる下位クラス（フォーカス）の総体を
面（ファセット）とする。例えば建築では様式，建築物の種類，構造，時代など
があり，文学では言語，ジャンル，時代などの区分特性があるが，そのような
いくつかの面の系列ごとに分析し，その結果得られた系列ごとの分類項目を一
定の系列の順序に結合すれば，複合的な主題概念も容易に表現できる。各主題
領域は，このように，それを構成しているファセットの列（ファセット式）によ
り表現される。

　ファセットとその組み合わせ順序は，これまで以下のような原理が提唱され
ている。

　① 事物―材料―動作

　CCでは各主題分野に共通の基本的なカテゴリーの適用順序として，具体的
なものから抽象的なものへと並んでいるPMESTと呼ばれる「具体性減少の
原則」が採用されている。連結記号を付すと，「, パーソナリティ (Personality)；
マター (Matter)：エネルギー (Energy). 空間 (Space) '時間 (Time)」となり，
各主題分野にそれぞれ最適なファセット式が決められている。例えば，図書館
学は他の分野よりもこのPMESTがすべて明確に現れる主題であり，2 [P]；
[M]：[E] [2P] というファセット式が提示されている。2は図書館学，Pは
館種，Mは図書館資料，2回目のPを含むEは図書館業務，Sは地理区分，T
は時代区分から適切な記号を選択する。

　このような独創的な理論は，ドキュメンテーション分野に影響を与え，理論

的な研究対象となり，UDC や DDC などの改訂時に採り入れられている。第 7
版が最新版であるが，難解で記号法が複雑なため実用には向かず，ランガナー
タンの母国インドの大学図書館等で使用されているにすぎない。

② 事物―種類―部分―素材―性質―過程―操作―作用因―空間―時間―提
示形式

1948 年に結成された英国の分類研究グループ（CRG: Classification Research
Group）は，ブリス（Bliss, H. E., 1870-1955）の『書誌分類法』（BC: Bibliographic
Classification）を継承し，1977 年から分析合成型分類法として装いも新たに第 2
版（BC2）の刊行を開始した。

CRG の列挙順序は，ランガナータンの具体性減少の原理に重要性の概念を
導入し，各主題分野における研究目的や最終結果を第 1 のファセットとし，ま
たブリスの考えた科学的，教育的コンセンサスの原理等を発展的に総合した。

(6) 事象とその観点：観点分類表

事物や事象そのものでなく，それを研究する方法や取り扱われる観点を優先
する分類表は観点分類表と呼ばれる。例えば，「性」は生殖としての生物学，生
理学だけでなく性心理，性倫理，性風俗，果ては名詞の性まで各種の分野に分
類される。現在普及している一般分類表のほとんどは，この観点分類表に属す
る。しかし，1906 年，ブラウン（Brown. J. D., 1862-1914）が発表した『件名分類法』
（SC:Subject Classification）は，多くの観点があっても，その事象が本来的に定義
される基礎的なクラス（固有定義箇所）の一箇所に分類する方式（一主題一箇所主義
(one-place theory)）をとる。「性」の一箇所はその実体からいえば生物学であろう。

4 各種分類法

図書館や蔵書の発展に伴い，分類法や分類表にも古い歴史が刻まれている。
近代的な主要分類法（表）のうち現在使用されているものには，以下のよう
なものがある。これらはすべて，知識の全分野を包括する一般分類表である。

(1) デューイ十進分類法 (DDC: Dewey Decimal Classification)

デューイ（Dewey, M., 1851-1931）が創案し，1876 年に発表した分類法。デュ

ーイ自身は13版まで改訂に携わり，最新版は23版（2011）である。米国ほか数か国からのメンバーによる編集政策委員会（EPC: Editorial Policy Committee）が改訂方針を示し，米国議会図書館の十進分類部門が編集し，OCLC から刊行される。米国をはじめとする英語圏を中心に世界的に普及し，各国語にも翻訳されるとともに，各国の全国書誌に採用され，標準分類表として世界的な地位を確立している。ウェブ版（Web Dewey 2000 ～）も刊行されている。

　主類の配置は，フランシス・ベーコン（Bacon, F., 1561-1626）の学問の分類を逆順（「逆ベーコン式」と呼ばれる）にしたハリス（Harris, W. T., 1835-1909）の分類表に倣い，アラビア数字を用いる十進記号法が適用されている。

　記号法は順序性，単純性，助記性に富むとともに，改訂ごとに記号の展開により新主題を採り込む受容性をみせている。基本的に詳細な列挙型分類法ではあるが，補助表は，標準区分，地理区分など6表が用意され，それらの記号合成に加え，主表内部でも合成手法が取り入れられており，第17版以降は分析合成型への傾斜を強めている。

　相関索引は，主表においては観点によって分散してしまう主題を，索引上一つの語のもとに集中する仕組みをもっている。

(2)　国際十進分類法 (UDC: Universal Decimal Classification)

　オトレ（Otlet, P. M. G., 1868-1944）とラ・フォンテーヌ（La Fontaine, H., 1854-1943）が DDC 第5版を参考に作成した分類表である。1895年に彼らが設立した国際書誌協会（IIB: Institut International de Bibliographie）の世界書誌編纂事業に使用された。学術論文など詳細レベルの主題への対応を想定し，多数の共通補助表を備え，分析合成型分類法の手法を取り入れており，ドキュメンテーション分野の書誌作成に活用されている。

　1905年初版のフランス語に続いて，英語，ドイツ語などの各言語版が刊行された。分類表の詳細度別に，詳細版，中間版および簡略版があり，このほか建築分野などの専門版がある。

　維持管理は，IIB に始まり，国際ドキュメンテーション連盟（FID: Fédération Internationale de Documentation）を経て，1993年から UDC 国際運営委員会（UDC

Consortium）が担当している。日本語版は，情報科学技術協会から中間版第3版と CD-ROM 版が刊行されていたが，現在は刊行を中止している。

　主類の配置は DDC を踏襲しつつ，4類（言語）を8類（文学）へ移し，4類は空き項目となっている。下位クラスは十進的に展開し，3桁ごとにピリオドを入れる。

　主標数と固有補助標数を含む主分類表のほかに，連結記号，8種類の共通補助標数などを含む補助分類表からなる。主標数どうし，あるいは主標数と補助標数とを連結記号（.0, -, +, /, :, = など）によって組み合わせて記号を形成する。これにより，DDC と同じく十進記号法を基礎としながら，より多面的で詳細な主題表現を可能にしている。

(3)　米国議会図書館分類法 (LCC: Library of Congress Classification)

　米国議会図書館のコレクションのために作成された一館分類表である。DDC の主題排列の順序や区分法に問題があるとして，カッター（Cutter, C. A., 1837-1903）が発表した列挙型分類法である展開分類法（EC: Expansive Classification）に基づき，各専門分野ごとの分類表を作成し，法律分野（K）を除き1948年までに完成した。その後，適宜，改訂が加えられている。各分類表ごとに大項目（Synopsis）と細目（Outline），共通区分，地理区分，国別主題区分があり，索引が付された一大列挙型分類法である。表中に図書記号（LC カッター記号）が挿入されている箇所がある。

(4)　日本十進分類法 (NDC: Nippon Decimal Classification)

　1929年に森清（1906-1990）の編集により初版が刊行された。DDC の十進記号法に倣い，主類の排列は EC を参考にした。5版（1942）までは森清の個人編著であったが，1948年，日本図書館協会に分類委員会が設置され，新訂6版（1950年刊）以降，同委員会が維持管理を行っている。最新版は2014年刊行の新訂10版である。

　『日本全国書誌』および JAPAN/MARC，各種民間 MARC に付与されており，公共図書館および学校図書館では100%に近い採用率で，国内的に広く普及している日本の標準分類表である。

『日本十進分類法　新訂 10 版』は，本表・補助表編と相関索引・使用法編の2巻からなる。機械可読版（MRDF）も刊行されている。

新訂 10 版については，第 2 部演習編で詳述する。

(5) 国立国会図書館分類表
(NDLC: National Diet Library Classification)

国立国会図書館が自館の蔵書を分類排架するために適用している一館分類表であり，一般分類表，列挙型分類法である。

同館は当初和漢書に NDC，洋書には DDC を使用していたが，大調査図書館という機能の特殊性から，和洋の一本化，類似主題のグループ化，分類記号・図書記号の簡素化等を図るため，分類表の作成を計画した。1962 年から着手し 1967 年に完成したが，刊行は 1963 年から 1968 年に及んだ。1968 年には新受入洋書に，1969 年には全和漢書に適用を開始した。書架分類を主眼とする分類表ではあるが，書誌分類としての特性にも配慮している。記号法はアルファベットと数字による混合記号法が適用される。分類表全体に共通の補助表はないが，特定分野で使用する国名記号表が用意されている。

知識の分類より，利用上，管理上からみて適切な資料群を形成する立場から，主類は，政治・法律・行政を筆頭に社会科学を最初に配置し，人文科学，科学技術，総記，形式類の順に並ぶ。

JAPAN/MARC に付与されてはいるが，普及率は低く，大学図書館など数館が採用しているにとどまる。最新版は，国立国会図書館のウェブサイトに掲載されている。

(6) BSO（Broad System of Ordering）

CRG のメンバーであるコーツ（Coates, E. J.）は，UNISIST 計画のために，1970 年代初め，ユネスコと FID との共同企画として始まった分類表の開発において主導的な役割を果たした。異なる索引言語を使用する図書館等で共有し，相互に変換が可能な分類表として BSO の開発が推進された。最新版は1994 年の改訂 4 版修正版で，分析合成理論に基づく。知識分野を概観し（知識全般（方法論的科学），生命科学，人文科学，社会科学，技術・言語・芸術・精神的生産

という複雑性の漸増する体系），アラビア数字による百進記号法の簡略な体系となっている。シソーラス構築のための基礎体系，ネットワーク情報資源の主題案内等への用途が見込まれている。

5　分類規程

　図書館では，資料を分類し排架することを「分類作業」という。分類作業は，主題分析を行い，分類記号を付与し，さらに同一の分類記号のなかで，その資料を特定するために図書記号を付与する。

　使用される分類表の運用法を会得し，首尾一貫した分類作業を行うためには，分類表とは別に，そのための指針が必要である。このさまざまな指針を成文化したものが，「分類規程」である。各図書館では，それぞれの分類規程を用意することが求められる。分類表全体に適用されるものを一般分類規程，特定主題について適用されるものを特殊分類規程という。

6　所在記号（請求記号）

　分類記号が与えられた図書を排架する場合に，同一の分類記号をもつ図書をさらに個別化し，個々の資料を順序づけるために用いられる記号が図書記号である。通常，分類記号と図書記号が組み合わされ，請求記号を構成する。

　資料を排列し，出納に便利なだけでなく，書誌情報を個別化し，検索にも役立つ。今日では，請求記号は所在記号とも呼ばれ，コンピュータによって自動付与や管理が行われている。

　図書記号には，受入順記号法，年代記号法，著者記号法などがある。受入順記号法は，同一の分類記号のもと，資料を受け入れ順に排架する方法であり，図書記号には受け入れ順を示すアラビア数字を用いる。意味ある順序に排列されていないので，接架利用には向かない。年代記号法は，同一分類記号のもと，資料を出版年順に排列する方法である。出版年を記号化し図書記号とする。著者記号法については，単に著者名の頭文字をそのまま使用する場合や，著者記号表（カッター・サンボーン表や日本著者記号表など）による方法などがある。日本

著者記号表については，第2部演習編の第10章「分類作業」の第3節で詳説する。

第4節　件名法

　主題情報を「語（ことば）」で表現する索引言語には，件名（件名標目）やシソーラスがある。すでに述べたように，図書館は，カード目録時代は分類目録や件名目録を編成してきたが，現代のようなコンピュータ目録時代には，「件名法」の方が書名等とともに「語」による主題検索の重要な手段となっている。

1　件名法の基本原理
(1)　主題の特定化
　資料が扱っている主題に対して，それが扱われている類概念（観点）でなく，その主題を特定する件名が与えられる。
(2)　統制語
　資料が扱っている主題に対する件名として，複数の同義語やそれに近い関連語がある場合，これを特定の件名に統一し，そのほかの件名はそれへの参照形として用いる。また，件名によく熟していない曖昧な日常語は避けて，一定の普遍性をもっている常用語が用いられる。

2　件名標目，件名標目表
　件名とは，資料が扱っている主題を表現した名辞（語）のことである。ある資料が扱っている主題について，その名辞のうち，目録上で標目として用いるものを件名標目と呼ぶ。件名が件名標目の別称，略語として用いられることもあり，その区別は困難である。
　件名標目表は，その図書館で用いられた件名標目と参照形を，一定の語順排列（五十音順，アルファベット順）に従って一覧できるようにした用語集のことである。

(1) 件名標目表の構成

件名標目表は，本表とその解説で構成されている。本表には，件名標目，参照形および関連語の表示のほかに，その件名標目に対応する代表的な分類記号，スコープノート，使用法，注，各種の細目等が示されている。

(2) 件名標目の選定

資料で扱われた主題を表現する「語」のなかから，件名標目にふさわしい語を選び，件名標目の形式に則って，件名標目を決定する。

1) 件名標目の形式

件名標目には，一語の名詞，合成語，形容詞を伴う名詞，成句等が用いられるが，この形式としては，単語・熟語，複合語，語の並列，丸がっこによる転置語，固有名詞がある。

2) 主題件名と形式件名

資料の主題概念を表現する主題件名と資料の形態や編集・出版上の形式を表現する形式件名がある。

3) 件名標目表に記載されていない固有件名

件名標目表に記載されている件名標目のほかに，人名，家族名，団体名，地名，書名，法令名等の固有名も件名標目に用いられる。

4) 特定記入の原則

主題を特定し，表現するためにさまざまな方法が用いられている。

① 転置語

丸がっこによる転置語の付記　（例：漁業（遠洋））

② 限定語

丸がっこによる限定語の付記　（例：ロマン主義（美術）、ロマン主義（文学））

③ 細目

a. 一般細目

原則的にいずれの主標目にも付加できる細目で，主標目の主題をさらにその形式によって細分するものである。「伝記」「名簿」「年鑑」「歴史」「索引」「書目」がある。

b. 特定細目

特定の主標目でのみ用いることになっている細目で，各件名標目表によって，その適用範囲や細分法が異なる。地理区分，地名のもとの主題区分，主題区分，時代区分，特殊細目，例示細目等がある。

5) 参照

件名標目の相互関係，「日常語」から件名標目に選定されている「統制語」に導くために，参照記入は必要である。「を見よ参照」「を見よ逆参照」「をも見よ参照」「をも見よ逆参照」「一般参照」がある。

6) 件名標目間の関係，件名標目の階層

最近の件名法は，後述する「シソーラス」と同様に，件名標目間の関係づけや概念的階層構造を明示して，件名標目を体系化し検索をより正確に効率的にできるよう配慮している。件名標目の関係づけの詳細については，第5節1「シソーラスとは」を参照されたい。

3 各種の件名標目表

(1) 基本件名標目表 (BSH: Basic Subject Headings)

日本図書館協会が編集刊行する日本の代表的な件名標目表である。1930年刊行の加藤宗厚編『日本件名標目表』は，1944年に青年図書館員聯盟件名標目委員会により大幅に改訂された。1953年以降は日本図書館協会がこれを改訂することになり，1956年に日本図書館協会より『基本件名標目表』として初版が刊行された。最新版は第4版 (1999) で，収録数は，標目数7,847，参照語2,873，説明付き参照93，細目169である。全体は，序説，音順標目表，分類記号順標目表および階層構造標目表からなる。『基本件名標目表　第4版』については，第2部演習編で詳述する。

(2) 国立国会図書館件名標目表 (NDLSH)

国立国会図書館が自館の蔵書に対して付与した件名標目を収録したものであり，1991年刊行の冊子体第5版には件名標目1万7,133，参照形5,391を収録していた。BSHに比べ常用語よりも学術用語を採用している。

「を見よ参照」しかなく「をも見よ参照」をもたないのが欠点であったが，2004 年度から「をも見よ参照」を付加するとともにシソーラスの表示形式の準用，細目の使用法や参照注記の充実など全面的な改訂がなされ，2005 年から同館のホームページで公開している。最新版は，2009 年 3 月末までの件名標目を収録した 2008 年度版であった。収録数は，標目数が 1 万 9,130 で細目を含む総数が 10 万 1,953 であった。なお，2009 年 4 月以降の新設・訂正・削除された件名標目は，「2008 年度版追録」として一覧表が掲載されていた。2010 年からは SKOS 形式（p.98，110 参照）による Web 版，2012 年からは，名称典拠と一体的に「典拠データ検索・提供サービス（Web NDL Authorities）（p.31，142 参照）で提供されている。収録数は 2019 年 3 月末で普通件名（細目付きを含め）12 万 7,472 件，細目 368 件である。 2019 年 9 月現在の件名標目の作成・付与のための「件名作業指針」および「国立国会図書館件名細目一覧」もホームページで提供されている。

　国立国会図書館では NDLSH は，『日本全国書誌』および JAPAN/MARC に付与され，NDL ONLINE 等の検索に用いられる。かつては洋図書にも付与していたが，現在は和図書のみの適用となっている。

　〈NDLSH の標目例〉[2]

　　　環境ホルモン

　USE：内分泌攪乱物質〔ナイブンピカクランブッシツ〕

　　　環境マーケティング

　USE：グリーンマーケティング

　　　環境問題〈地理区分〉

　ID：00564910

　NT：地球温暖化〔チキュウオンダンカ〕；砂漠化〔サバクカ〕；酸性雨〔サンセイウ〕；自然保護〈地理区分〉〔シゼンホゴ〕；公害〈地理区分〉〔コウガイ〕；黄砂〔コウサ〕

　RT：持続可能な開発〔ジゾクカノウナカイハツ〕；循環型社会〔ジュンカンガタシャカイ〕；環境行政〈地理区分〉〔カンキョウギョウセイ〕；環境政策〈地理区分〉〔カンキョウセイサク〕；環境権〔カンキョウケン〕；環境〔カンキョウ〕；グリーンケミストリー〈地理区分〉

　NDC（9）：519

⑶ 米国議会図書館件名標目表（LCSH）

米国議会図書館が1909年から，それまで使用していた『アメリカ図書館協会件名標目表』に代わる独自の件名標目表の作成に着手し，1914年に刊行したものである。英語圏を中心に普及し，各国の件名標目表の編集・改訂の際のモデルともなっている。11版（1988）からは参照表示にシソーラスの形式を準用している。冊子体の最新版は32版（2010）であり，6分冊に31万7,000件の標目・参照が収録されていた。PDFファイルの最新版は41版（2019年4月）であり，標目34万5,467件および参照が収録されている。件名標目の新設・変更については，他館からのリクエストにも対応し，週単位でウェブサイトで周知しており，件名標目の典拠ファイルも公開している。マニュアルが刊行されており，個々の図書館においてLCSHを適用する際の指針とされている。

⑷ FAST（Faceted Application of Subject Terminology）

ネットワーク情報資源への対応および多言語主題アクセスに関して，件名標目表を改善する試みの一つとして，OCLCがLCの協力を得て開発したものである。ネットワーク情報資源のメタデータ（ダブリンコア，p.80参照）に適用するため，LCSHの豊富なセマンティクスはそのままに，複雑なシンタックスを簡略化した。

4 件名規程

首尾一貫した件名作業を行うための指針を成文化したものである。件名標目表全体に適用されるものを「一般件名規程」，特定分野について適用されるものを「特殊件名規程」という。

一般件名規程は，件名付与の基本的な方針，細分法，地域と主題，新設件名標目の取り扱い方，付与する件名標目の数，形式件名等を規定している。

第5節　シソーラス

1　シソーラスとは

　件名法と同様に，名辞を統制することにより検索を可能にするものである。1953年にタウベ（Taube, M., 1910-1965）により開発された「ユニタームシステム」が，文献中の言葉をキーワードとして利用する索引法から統制語彙表であるシソーラスに発展した。シソーラスは，索引語とそれを組織するデバイス（記号）から構成される。索引語の関係については，以下のように等価関係，階層関係，連想関係の3種類の関連づけが行われる（図3.2）。

　(1)　**等価関係**

　同義語の場合，シソーラスでは，USE や UF（USE FOR）のデバイスを用いて，検索に用いられる一つ一つの名辞である「ディスクリプタ」と検索に用いない「非ディスクリプタ」の関係を示す。

　(2)　**階層関係**

　関連名辞間の階層関係を，以下のようなデバイスを用いて表示する。上位語（BT: Broader Term），下位語（NT: Narrower Term）に分析される。

　(3)　**連想関係**

　等価関係や階層関係にない関連名辞については，連想関係として関連語（RT: Related Term）というデバイスを用いて表示する。

　なお，シソーラスと件名法との主な違いは以下のとおりである。

　①　従来，件名法では等価関係は「を見よ参照」，階層関係や連想関係は「をも見よ参照」により件名標目の参照関係を表示してきた。ただし最近は，シソーラスと同じデバイスを用いて，件名標目間の関係を表示しており，件名のシソーラス化が進んでいる。

　②　シソーラスは，事後組み合わせ索引法を前提としており，主題を一列に並べる機能を考えないため，統語規則は不要であり，列挙順序の問題も生じない。

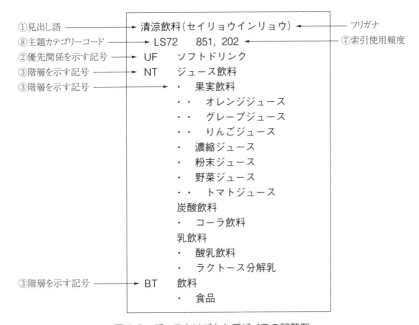

①見出し語 ────→ 清涼飲料（セイリョウインリョウ）←──── フリガナ
⑧主題カテゴリーコード ──→ LS72　　851, 202 ←──── ⑦索引使用頻度
②優先関係を示す記号 ──→ UF　　ソフトドリンク
③階層を示す記号 ──→ NT　　ジュース飲料
③階層を示す記号 ────→ ・　果実飲料
　　　　　　　　　　　　　・・　オレンジジュース
　　　　　　　　　　　　　・・　グレープジュース
　　　　　　　　　　　　　・・　りんごジュース
　　　　　　　　　　　　　・　濃縮ジュース
　　　　　　　　　　　　　・　粉末ジュース
　　　　　　　　　　　　　・　野菜ジュース
　　　　　　　　　　　　　・・　トマトジュース
　　　　　　　　　　　　炭酸飲料
　　　　　　　　　　　　　・　コーラ飲料
　　　　　　　　　　　　乳飲料
　　　　　　　　　　　　　・　酸乳飲料
　　　　　　　　　　　　　・　ラクトース分解乳
③階層を示す記号 ──→ BT　　飲料
　　　　　　　　　　　　　・　食品

図 3.2　ディスクリプタとデバイスの記載例
出所：冊子体『JICST 科学技術用語シソーラス』1999 年版の解説から引用

（例）「明治時代の政治小説」という複合主題

　件名：小説（日本）―歴史―明治時代，文学と政治

　シソーラス：「日本文学」「小説」「文学史」「明治時代」「政治」等の組み
　合わせ

OPAC には，事前組み合わせ索引法的な件名法よりも，事後組み合わせ索引法的なシソーラスの方がなじむ。今後，件名標目表を，よりいっそうシソーラス化し，事後組み合わせ索引法にも対応できるものにしていくべきであろう。

　シソーラスの構築法には国際規格である ISO25964（シソーラス及び他の語彙との相互運用（Thesauri and interoperability with other vocabularies）―第 1 部情報検索用シソーラス（Thesauri for information retrieval），第 2 部他の語彙集との相互運用（Interoperability with other vocabularies）や国内規格である JIS X 0901（シソーラスの構成およびその作成方法）などがある。

近年は，自然言語処理の技術によるシソーラスの自動構築の研究開発がなされ，語の自動抽出や組織化が実用化されるようになっている。

2　各種のシソーラス

(1)　JST 科学技術用語シソーラス[3]

科学技術振興機構（JST）が，科学技術全分野における主要な科学技術用語の概念を優先関係や意味上の類似関係，階層関係などによって体系的に整理し，表記を統制した検索・索引用の用語集で冊子体とデータ形式版がある。2008年データ形式版には，辞書データ収録語数　合計：10万1,748語，シソーラス語：3万9,798語（うちディスクリプタ3万7,163語，非ディスクリプタ2,635語），同義語／異表記語：6万1,950語を収録していた。改訂2017年版では，ディスクリプタが3万7,410語に増強され，2019年版でも新語の追加，修正，削除など改善が加えられた。データベース等に網羅性や精度の高い検索を実現することが可能である。

(2)　日経シソーラス（日経テレコン 21）[4]

日経テレコン21は，日本経済新聞社が提供する記事データベースである。日経各紙のほか，全国紙・地方紙各紙，業界に特化した専門紙，スポーツ紙，主要なビジネス誌や一般誌，各種専門誌，調査レポート，市場データ，また海外メディアやインターネットメディアを含め750を超える情報源から総数1.2億件を収録している。日経シソーラスは，1982年以降そのデータベースに付与され検索に使用されている用語集（2006年現在約1万3千語）である。収録分野は，品目，項目，業界，地域である。ディスクリプタには分野別，五十音順の索引があり，分野別の分類体系は23の大分類とそれを細分した153の中分類で構成され，中分類の用語はそれぞれ一定の下位語をもち階層レベルが示されている。が，NT, BT, SA, USE といったデバイスは使用されていない。

■注・引用文献──

(1) Ranganathan, S. R. *Colon classification*. 6th ed. 28 Reprint. ESS Publications, 2007.

(2) 国立国会図書館件名標目表 2008 年度版　五十音順排列表【カ】
https://warp.da.ndl.go.jp/info:ndljp/pid/8262028/www.ndl.go.jp/jp/library/data/ndlsh-
50on/ndlsh-50on-21.pdf（accessed 2020.4.4）

(3) https://jdream3.com/jd-room/start/20190628/（accessed 2020.4.4）

(4) https://t21.nikkei.co.jp/public/help/contract/price/20/help_kiji_thes.html（accessed
2020.4.4）

第4章

書誌情報システム

　日本では出版者や流通業者（取次業者等）の販売目録，図書館の目録，学術機関（学会等）の専門書誌といったさまざまな書誌情報が，さまざまな機関によって作成され，提供されている。これらの作成・提供・流通には，コンピュータが活用され，コンピュータシステムによって処理され，管理されているのが一般的である。目録にコンピュータを活用するために，MARC（Machine Readable Catalog または Cataloging）が開発され，それにより書誌情報のコンピュータ処理が長足の進歩を遂げた。

　このような書誌情報に関わるコンピュータシステムを，本書では「書誌情報システム」と呼ぶこととする。書誌情報システムは，単館で構築されているものから，書誌情報の作成を集中化するシステムや共同化するためのネットワークシステムのように大がかりなものまで存在する。

第1節　MARC（Machine Readable Catalog または Cataloging，機械可読目録または目録作業）

　MARC はコンピュータで処理可能な形式の目録のことであり，2つのことを意味している。

① 書誌データの記録形式を定めた MARC フォーマット

　コンピュータが目録レコードを読み取れるよう，一定の規則に従って入力をするための設計図のようなものである。

② MARCデータベース頒布サービス

　MARCの作成には，大がかりなシステムに伴う経費や人的資源が必要となるため，全国書誌作成機関，出版社，民間の図書館サービス産業等でMARCデータベースを集中的に作成し，頒布するサービスが発展してきた。

1　MARCフォーマット

　MARCフォーマットについて，『日本目録規則1987年版改訂3版』の用語解説では，「MARCレコードの総体的な枠組みで，その構造，内容をなす各種事項とその識別指示の3要素を規定する。構造の部を外形式，内容の部を内形式ということもある。国際的なUNIMARCフォーマットをはじめとして，各国で書誌情報交換用の標準フォーマットが定められ，使用されている」[1]と説明されている。

　しかし最近は，国際的な交換にはUNIMARCよりも，後述する米国議会図書館のMARC21が使用されている。

　以下に，国立国会図書館のJAPAN/MARC（M）（S）MARC21フォーマット[2]を見ながら，MARCレコードについて説明する。

(1)　レコードの構造（外形式）

　情報を機械可読媒体において物理的にどう記録するかの形式を規定し，構造化しており，ISO2709：1996 Format for Information Exchangeで定められている。

　MARCフォーマットは，コンピュータが目録レコードを読み取れるよう，一定の規則に従って入力をするための設計図であり，書誌データの記録形式を定めているものである。そのうち，レコードの構造を規定したものが「外形式」である。

　資料に対する個々の記録であるデータの集まりを，MARCレコードと呼ぶ。レコードはレコードラベル，ディレクトリ，レコードセパレータで構成される。この構造はレコードの物理的な取り扱いに関係するもので，可変長レコードに対応するため，レコードを記録するための全体構造を規定している。

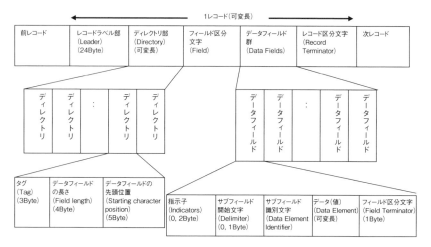

図4.1 JAPAN/MARC（M）（S）MARC21の外形式

(2) レコードのデータ要素と内容識別子（内形式）

内形式は「レコードを構成する個々のデータ要素を識別し，さらにそれらデータ要素に対する付加的情報を与える内容識別子」の使用法を具体的に規定している。内容識別子にはフィールド識別子，フィールド内のデータに対する付加的情報やレコード内の他のフィールドとの関係などを示す指示子，およびフィールドの構成要素をさらに細分化し識別するサブフィールド識別子がある。

例えば，フィールド245は，「タイトルと責任表示に関する事項」であるが，サブフィールド識別子＄aは「本タイトル」，＄bは副書名などの「タイトル関連情報」，＄cは著者などの「責任表示」である。また，サブフィールド識別子＄6はとくに日本語の書誌データのように読みを必要とするデータのために，その読みを格納したフィールド880との対応関係を示しており，フィールド245では＄6880-01と表記し，フィールド880の方にはフィールド245に示されたタイトルや責任表示等の日本語の読みとして，サブフィールド＄6245-01/＄1にはカタカナ形，＄6245-01/(Bにはローマ字形を入力するようになっている。

このように目録規則等に基づき入力された実際のデータ，その他のルールに

表 4.1　JAPAN/MARC（M）（S）MARC21 におけるフィールド 245

フィールド	フィールド名	指示子 1	指示子 2	サブフィールド識別文字／文字位置	サブフィールド名称／文字位置名称	必須	繰り返し	繰り返し（対）	備　考	サンプル
245	タイトルと責任表示に関する事項	0	0			M			二つ目以降の本タイトル・責任表示の記述については，注 1 を参照のこと。	
				$6	読みの対応関係	A			当該フィールドの読みを格納するフィールド 880 との対応関係を記述する。注 2 を参照。	880-01
				$a	本タイトル	M				山王遺跡
				$h	資料種別	O				［点字資料］
				$b	タイトル関連情報	A				仙塩道路建設に係わる発掘調査報告書
				$n	巻次又は部編番号	A	○	○	継続資料の場合，当該サブフィールドはサブフィールド $a の後に出現する。	図版資料編
				$p	部編名	A	○	○	(S) でのみ使用継続資料の場合，当該サブフィールドは上記の $n の後に出現する。	八幡地区
				$c	責任表示	A				多賀城市埋蔵文化財調査センター編

基づき入力されたコード化情報などであるデータ項目値（データ内容）は，これらの外形式および内形式に従って処理される。

2　日本の MARC

(1)　JAPAN/MARC

　国立国会図書館は，1980 年に JAPAN/MARC フォーマットを制定した。これは図書のための MARC フォーマットで，UNIMARC フォーマット第 1 版（1977 年）に準拠しつつ，漢字，カナよみデータへの対応，日本目録規則新版予備版への適合を考え，拡張，変更を加えた。その後，逐次刊行物のためのフォーマット（JAPAN/MARC (S)），著者名典拠のためのフォーマット（JAPAN/MARC (A)）も制定したが，現在は図書，逐次刊行物共通のフォーマットを

JAPAN/MARC としている。また，2012 年 1 月より，国際的に互換性のある MARC21 フォーマットに切り替え，JAPAN/MARC（M）（S）MARC21 フォーマット，および JAPAN/MARC（A）MARC21 フォーマットとした。

JAPAN/MARC のデータ頒布サービスは，図書が 1981 年から，逐次刊行物が 1988 年から，著者名典拠が 1997 年から行われている。また，過去のカード目録や冊子体目録のデータベース化（遡及入力）も，明治期以降の全所蔵資料が完了し，JAPAN/MARC の一部として頒布されている。

(2) 民間 MARC

日本の出版界においては，大手取次会社や出版関連団体は出版社と書店，図書館の間をつなぐ重要な役割を果たしており，新刊情報等の出版情報を提供している。1980 年代に入ると，図書館流通センター（TRC）や日販図書館サービス等が，書誌情報を MARC の形で図書館に提供するサービスを開始した。

JAPAN/MARC のタイムラグを解消する効果もあり，現在，国内の大部分の公共図書館において民間 MARC が使用されている。さらに，選書のための新刊情報の提供，オンライン発注，各図書館の所蔵データの MARC への付加，納入資料の装備等も提供するようになった。民間 MARC には，TRC MARC（TRC），トーハン MARC（トーハン），日書連 MARC（日本書店商業組合連合会）等があるが，広く図書館サービスを提供し図書館産業に発展している。

しかし，最近は国立国会図書館の全国書誌サービスが充実してきたこともあり，MARC 等の書誌情報一元化といった，国の書誌情報基盤の再編の動きがある。同館は，書誌情報の国際流通に配慮し JAPAN/MARC フォーマットをMARC21 に変更し，文字コードもユニコードの導入を行った。国内の公共図書館等における民間 MARC の活用には，納入資料等の出版流通との関係もあり，国内的調整が必要であろう。

3 外国の MARC

(1) MARC21

米国議会図書館（LC）は，1965 年に MARC 開発に着手し，1970 年代末まで

に順次，単行資料，地図，逐次刊行物等資料種別毎にフォーマットを制定した。現在，これらは一つのフォーマットに統合され全資料群共通のものとなっている。LCMARC，USMARC を経て，1999 年にカナダの CANMARC，その後イギリスの UKMARC との統合作業も行われ，21 世紀に向けて，将来の世界的規模での利用という観点から「MARC21」に改称された。

　MARC21 フォーマットは，英語圏は言うまでもなく世界的なデファクトスタンダードとなっている。LC はこのフォーマットを基本として，外国語資料も含む所蔵資料の目録や，共同目録作成事業で作成された書誌データ，典拠データの頒布を行っている。

(2) UNIMARC

　UNIMARC は，IFLA の UBCIM（Universal Bibliographic Control/International MARC）コアプログラムを継承した UCA（UNIMARC Core Activity）により，国際的な書誌データの交換・提供のための国際標準フォーマットとして制定されている。1977 年に Universal MARC Format として制定後，1987 年に UNIMARC Manual となり，2008 年にその第 3 版が刊行されている。さらに，典拠ファイルのフォーマットとして 2009 年の UNIMARC/Authorities 第 3 版，分類のための UNIMARC/Classification もある。

(3) その他

　その他の MARC には，大英図書館の UKMARC，フランス国立図書館の INTERMARC，韓国国立中央図書館の KORMARC，中国国家図書館の CHINA MARC 等がある。大英図書館，ドイツ国立図書館のように MARC21 フォーマットによるデータ頒布サービスを提供しているところもある。

第 2 節　集中目録作業と共同目録作業

1　集中目録作業

　一つまたは限定された数の機関が，他の多くの図書館のために集中的に目録作業を行うことを，「集中目録作業」と呼ぶ。

一例として，全国書誌作成機関が行う「集中目録作業」がある。納本制度により網羅的に収集した資料に関する全国書誌を作成することを通じて，標準的な書誌データ，典拠データを作成し，国内の図書館に頒布する。かつては印刷カードの頒布事業，近年はMARCの提供のように，このシステムにより，国内の書誌コントロールが推進されてきた。

　最近の日本では，公共図書館や大学図書館等が民間MARCを購入し，各館のローカルデータを付与してOPACや図書館サービスなどに利用しているが，これも「集中目録作業」に該当する。

2　共同目録作業

　複数の図書館等が責任を分担して目録を作成し，その成果を共有し，利用するような目録作業を「共同目録作業」「分担目録作業」「共同分担目録作業」と呼ぶ。

　近年は書誌ユーティリティ（p.71参照）を基盤とした総合目録ネットワークが進展し，書誌コントロールの中心が全国書誌作成機関による「集中目録作業」から，「共同目録作業」に移行する傾向がみられる。書誌ユーティリティや国立図書館を中心に書誌情報ネットワークを形成し，参加館の分担で「共同目録作業」による総合目録を作成する。目録対象の書誌データがそのデータベースに存在しない場合には，ある参加館がオリジナル目録作業を行う。その書誌データや典拠データは，他のすべての参加館によって共有され，コピー目録作業に活用し，所蔵レコードのみを入力すればよいといった合理的な仕組みである。

　日本では，NACSIS-CATや国立国会図書館総合目録ネットワークがある。これらについては，「4 総合目録」で詳しく述べる。

　米国議会図書館(LC)の共同目録作成事業は，PCC（Program for Cooperative Cataloging）というプログラムのもとで，OCLCや参加する各図書館がLCの指導により共同分担・分散型目録作業を行う。PCCは，BIBCO（Monographic Bibliographic Record Cooperative Program）（単行資料），CONSER（Cooperative Online SERials）（逐次刊行物），NACO（Name Authority Cooperative Program）（名称典拠），

SACO（Subject Authority Cooperative Program）（件名典拠）から構成されており，OCLC との連携も進められている。参加館は，LC による集中目録作業で作成されたデータと同等の高い品質の書誌データ，典拠データを利用できる。

　このような分担目録作業を円滑に進めるためには，参加館の作成する書誌データが一定の水準を満たす標準的なものであること，データベースの検索漏れがないこと，書誌レコードや典拠コントロールに関する品質管理が行える組織的な体制が確立されていることが求められる。

3　全国書誌

(1)　全国書誌とは

　全国書誌とは，「ある一国において刊行された出版物を網羅的，包括的に収録した書誌である。広義には，その国に関する全著作，他国に在住しているその国の国民による著作，その国の言語で書かれた他国での著作を含むこともある」[3] とされる。法定納本制度に基づき，網羅的に国内の出版物を収集する国立図書館が作成していることが多い。

　全国書誌は冊子体の印刷物の形で出版，頒布されていたこともあったが，全国書誌サービスとして今ではウェブを通じた提供となり，MARC の頒布（磁気テープ，CD-ROM，DVD，さらにはインターネットによる FTP ファイル転送）も行う。一般的な全国書誌の要件として，①網羅性，②速報性，③正確さ，④付加情報の豊富さ，⑤入手可能性，⑥活用可能性が求められる。が，国によって出版物の流通機構，書誌情報の作成・流通・管理の体制が異なるため，その達成度はさまざまである。

(2)　日本の全国書誌

　日本においては，国立国会図書館が納本制度に基づく全国書誌作成機関であり，全国書誌データ提供を行っている。納入および収集された資料は，おおむね 4 日後に新着書誌情報として公開され，1 カ月程度で完成した書誌情報が無償で提供される。

　提供方法は，現在，同館のホームページで (1) 毎週 JAPAN/MARC データ

としてMARC形式，(2)NDL-Bib（全国書誌提供サービス）でMARC形式，(3)「国立国会図書館サーチ」でDC-NDL形式等により提供されている。ただしNDL-Bibは，2020年12月にサービスを終了し，「国立国会図書館サーチ」(p.106参照)に移行する予定である。なお，JAPAN/MARCデータは，頒布事業者を通じても，週刊版や年6回の更新版としてFTP, CD-ROM, USBおよびWEBにより提供されている。

　図書館等が目録作成にデータを利用するには，従来のようにJAPAN/MARCを導入するシステムと，検索により自館のデータベースに書誌情報を登録して利用するシステムの2つの方法がある。

　「国立国会図書館サーチ」では，API（外部提供インターフェース）やRSS（Rich Site Summary, RDF Site Summary, Really Simple Syndication）等のフォーマットで提供されているので書誌データの取得が容易であり，多様な利活用が可能である。

⑶　外国の全国書誌

　アメリカには「日本全国書誌」に該当する全国書誌は存在しない。その代わりに，米国議会図書館が刊行する全米およびカナダの総合目録であるNational Union Catalogがその役割を果たしていたが，今ではその役割を書誌ユーティリティやLCのオンライン目録が果たしている。

　また，大英図書館がBritish National Bibliography（BNB）を，ドイツ国立図書館もDeutsche Nationalbibliografieをオンラインで提供しており，書誌データをさまざまなフォーマットで入手することができる。

⑷　CIP（Cataloging in Publication）

　出版者が書籍の出版に先立ってその校正刷りを全国書誌機関に提供すると，全国書誌作成機関が一定の目録を作成して，それを出版者に通知する。出版者の方は，それを書籍の標題紙裏に印刷して出版することが行われている。米国議会図書館が出版者の協力を得て1971年に開始し，世界に普及した制度である。これによって全国書誌の速報性が保たれるばかりか，図書館が資料を受け入れた時点で標準的な目録を参照し作成できるメリットがある。出版された後，

CIP データは，全国書誌作成機関において改めて蔵書目録として修正・完成される。日本では，諸般の事情から，この CIP が導入されていないが，「国立国会図書館サーチ」では，日本出版インフラセンター（JPO）の出版情報登録センター（JPRO）から提供されている近刊情報が活用できる。

4 総合目録

(1) 総合目録とは

総合目録（Union Catalog）とは，複数の図書館等の蔵書を一覧できるようにした目録で，資料を同定・識別するのに必要な書誌データに各館の所在記号が示される。総合目録には，館種，地域，資料種別，主題等によって各種のものが存在している。相互貸借（ILL：Inter-Library Loan）を行うために資料の所在を確認するツールとして作成する。また，資料の分担収集，分担保存等の図書館協力活動を行う際に必要な情報を提供する。

総合目録の媒体としては，単館の目録と同様，カード，冊子体，マイクロ形態（マイクロフィルム，マイクロフィッシュ），CD-ROM，オンライン目録等がある。総合目録の参加館の目録作成業務自体が機械化されていること，また，編纂の容易さから，今日では，オンライン目録が主流になっている。

(2) 共同目録作業による総合目録（集中型総合目録）

すでに「共同目録作業」のところで述べたように，書誌ユーティリティや国立図書館が総合目録ネットワークを形成し，参加館による大規模な総合目録を作成し，図書館協力活動の情報基盤を構築，管理するとともに，各種情報サービスを提供している。わが国の主要な総合目録の実例を以下にあげる。

1) NACSIS-CAT

1985 年に国立情報学研究所（NII）の前身である文部省・学術情報センター（National Center for Science Information Systems）が開始し，現在も維持されているわが国最大の総合目録データベースである。参加機関は，2019 年 3 月末現在，1,341 機関（大学全体における大学図書館の参加率は約 96％）となっている。各機関が行う書誌・所蔵情報のオンライン入力の手順は，第 2 部第 12 章第 1 節

「NACSIS-CAT の入力」を参照されたい。新収資料だけでなく遡及入力事業も行っており、収録範囲は和書洋書、刊行時期、資料種別の区別を問わない網羅的なものである。図書館相互貸借システム（NACSIS-ILL）と連携し、目録所在情報サービスとして研究者の研究活動を支援する。インターネットを通じてCiNii Books により一般にも公開されている。

2) 国立国会図書館総合目録ネットワーク

1998 年から国立国会図書館（NDL）が運営している、県域を超えた公共図書館の和図書の総合目録データベースである。参加館は都道府県立図書館、政令指定都市立図書館および市区町村立図書館と NDL で、2018 年 3 月末現在1,148 館、このうち所蔵・書誌データを提供しているデータ提供館は 67 館となっている。データベースは、NDL が作成する全国書誌（JAPAN/MARC）を基盤とし、これに、参加館から提供された書誌データを統合して構築する。データ提供館は「総合目録共通フォーマット」により所蔵書誌情報を NDL にファイル転送する。それに対して、NDL は ISBN, MARC 番号等による書誌同定機械処理を行って総合目録データベースを更新する。公共図書館における図書館資料資源の共有化、書誌サービスの標準化と効率的利用、また全国的な相互貸借等を支援する。この総合目録ネットワークは「ゆにかねっと」とも呼ばれるが、2012 年から「国立国会図書館サーチ」のシステムに統合され、一般公開されている。それに伴い、総合目録データベースを構築する場合に、自動的に書誌データ等を収集するようなシステムが可能になっている。その一例として、後述するようなメタデータの収集に、OAI（Open Archives Initiative）が開発した標準プロトコルである OAI-PMH（OAI Protocol for Metadata Harvesting）を実装し、データの自動的な受け渡しを行っている。

(3) 横断検索による総合目録（分散型総合目録）

総合目録のセンター機関にデータベースを構築するのでなく、各参加機関の既存のオンライン目録を横断検索することにより、仮想的に総合目録を実現する。これには、インターネット上に公開されているウェブベースの OPAC を横断検索するメタサーチ技術が適用される。Web OPAC システムにプログラ

ムでアプローチしデータを解析して取得する「Web スクレイピング」や他の
サーバーを検索する「Web API（Application Program Interface）」といった方法
があるが，後者の場合には，Z39.50 やその次世代として開発された SRU/SRW
（Search/Retrieve via URL/Search/Retrieve Web Service）等のプロトコルが使用さ
れる。

　集中目録作業や共同目録作業が，全国書誌作成機関や次に述べるような信頼
のおける書誌ユーティリティ等によって管理が行われることにより，国の書誌
情報基盤が確立し，標準化が進み，国内のみならず国際的な書誌情報の交換や
流通が円滑に行われ，文化的な発展に資することが可能になる。

第 3 節　書誌ユーティリティ（Bibliographic Utility）

　ユーティリティとは，本来，電気，ガス，水道，交通機関等の公益企業体を
いうが，書誌コントロールの分野でも，オンライン書誌情報システムやデータ
ベースを中心にさまざまな情報サービスを提供する公益事業体が現れた。参加
機関の相互協力関係を前提に，その技術的，制度的な基盤を提供し，それによ
って得られる成果をもとに提供されるサービスは，図書館の活動，協力や資源
共有に貢献している。
　通常，書誌ユーティリティは以下のようなサービスや事業を行っている。
① オンライン共同分担目録（online shared cataloging）
② 総合目録データベース
③ 図書館間相互貸借（ILL: Inter-Library Loan）
④ 情報検索サービス／ゲートウェイサービス
⑤ 電子図書館サービス
⑥ レファレンス業務支援
⑦ 教育・研修
⑧ 研究開発

以下に，現在の日本および米国のそれぞれの書誌ユーティリティの代表的な例をあげる。

1 国立情報学研究所（NII）

国立情報学研究所は，2000年に設置された情報学分野におけるわが国唯一の学術総合研究所である。情報関連分野の理論・方法論から応用までの研究開発を行うとともに，大学共同利用機関として，研究・教育活動に不可欠な最先端学術情報基盤（サイバー・サイエンス・インフラストラクチャ：CSI）の形成・運用を促進している。学術情報ネットワークと学術コンテンツの運営および連携，学術研究基盤のためのシステム開発や運用などを行い，学術コミュニティに貢献する。具体的な事業・サービスとしては，学術機関リポジトリの構築連携支援，学術コンテンツ提供サービス，目録所在情報サービス（NACSIS-CAT/ILL），NII電子ジャーナルリポジトリ，国際学術情報流通基盤整備事業（SPARC Japan），教育研修事業等が遂行されている。個々のサービスの提供については，「総合目録」「情報資源組織化支援システム」「情報資源提供システム」を参照されたい。

2 OCLC（Online Computer Library Center）

OCLCは，世界規模の世界最大の書誌ユーティリティである。1967年に設立された米国オハイオ州の大学図書館ネットワーク（Ohio Computer Library Center）から発展し，1971年にオンライン総合目録と共同分担目録システムを，1979年にはネットワークによる相互貸借（ILL）システムを立ち上げた。2006年には，1974年に設立された同じ米国の書誌ユーティリティのRLG（Research Libraries Group）を吸収した。2020年現在で参加機関数は123か国の約1万7,983機関。利用機関の広がりに対応し，Global Councilと世界をいくつかの地域にわけたRegional Councilの構成により運営される。日本からの参加館，協力館も増えており，国立国会図書館は2010年に，主要な書誌データをOCLCに提供した。世界最大の書誌データベースであるWorldCatには，2020年3

月現在約 4 億 8,200 万件以上の書誌レコードに対し，約 28 億 9,700 万件以上の所蔵レコードが登録されており，Web サイトを通じて，一般の利用者にも提供されている。

　一般的なサービスのほかに，ネットワーク情報資源の組織化と共同利用事業においても主導的な役割を果たし，ポータルサイトの Connexion を提供している。

第 4 節　オンライン閲覧目録
（OPAC : Online Public Access Catalog）

　図書館が MARC レコード形式で蔵書の書誌情報をデータベース化し，利用者がそれをオンラインによりコンピュータ等で対話しながら検索できるようにした目録は，「オンライン閲覧目録（OPAC）」と呼ばれる。

　第 2 章第 1 節のコンピュータ目録のところで触れたように，現在では館内での提供に留まらず，利用者が来館しなくてもインターネットを通じて Web-OPAC にアクセスできるようになった。

1　OPAC の概要

　①　データベースの追加・更新が迅速に反映され，タイムラグがなく，時間や場所を問わず利用できる。作成側も，メンテナンスが容易である。

　②　多様なアクセスポイントからの検索が可能であり，著者名，件名等の典拠情報との連携による検索もできる。検索結果の表示も簡略なものから詳細なものまで自由な選択が可能である。検索結果に表示された件名や分類を使って再検索するなど，さまざまなブラウジングを行うことによって，さらに検索の再現率や精度が高まり，的確な検索が可能になる。

　③　製本中，貸出中など資料のステータス情報を表示したり，検索結果から資料の申込や予約，一次資料へのアクセスができるように，資料入手までを管理している。

④ 他館資料へのアクセスも可能となっている。

　しかしながら，社会や情報環境の変化に伴い，サーチエンジン等の情報システムに比して OPAC の利用が必ずしも好調とは言えない状況がある。インターネット情報環境に図書館情報システムがまだ十分に浸透していないこと，OPAC 自体の問題など，多くの原因が考えられる。OPAC の問題点として，次のようなことが指摘されてきた。

2　OPAC の問題点

　① 自然語によるキーワードで検索した場合は，ノイズやモレが多い。統制語で検索することができるが，そのシステム自体がむずかしく利用者はその手法に通暁していない。簡単な検索方法でもって，利用者の要求を読み取り，背後で統制語のシステムが稼働してそれに十分応えられるようにしなくてはならない。

　② OPAC は基本的に単館の蔵書目録であるが，複数の OPAC の横断検索ができれば便利な場合が多い。すでに述べたが，横断検索を可能にする Z39.50 のようなプロトコルを相互に実装することにより，仮想の総合目録を提供できるのだが，日本ではあまり発展がみられなかった。

　③ カード目録などと違い，OPAC の検索にはコンピュータや検索法についての知識が必要である。習熟している図書館員が利用者に手ほどきをしたり，効果的な検索に誘導するようなガイドが十分になされていない。

　④ OPAC であればこそのさまざまな書誌データの内容の充実が求められているが，まだ十分ではない。例えば，米国議会図書館は，BEAT（Bibliographic Enrichment Advisory Team）というプロジェクトにより，抄録，注釈，レビュー，目次情報などの付加価値を付け，内容をより豊かなものにした。

3　ディスカバリー・サービス

　その後も OPAC の改善について多くの議論や提案がなされている。検索対象となる資料範囲をこれまでのように図書雑誌等の書誌データベースに留まら

ず，デジタル資料も含め，そのメタデータだけでなく一次情報にリンクして提供するサービスが進められている。国立国会図書館の Web-OPAC も，NDL-OPAC（国立国会図書館蔵書検索・申込システム）から NDL ONLINE（国立国会図書館検索・申込オンラインサービス）[4] と名称を変え，資料種別の範囲等を増やし検索対象を拡充している。検索方法の高度化により，スペル訂正，自然語から統制語への自動用語変換，あいまい検索，重みづけによる検索結果一覧などが可能となった。さらに最近は，Web2.0 の考え方や最新の ICT 技術の適用により検索インターフェースにさまざまな工夫が凝らされた「次世代 OPAC」が開発され，すでに欧米の大規模図書館で移行が進んでいる。

「次世代 OPAC」とは，現在の OPAC を改善し高機能の OPAC を実現するさまざまな試みを総称するもので，その明確な定義は困難であった。以下にその概要を示す[5]。なお，次世代 OPAC は，最近「ディスカバリー・サービス」と呼ばれるようになっておりさらに進化している。

(1) 検索システムの操作性

従来の OPAC ではキーワードや主要な書誌事項ごとにボックスを用意し，入力するシステムが多かったが，単一の入力ボックスにするなどインターフェースをできるだけシンプルにして操作性を向上し，一方で検索プロセスや背後での高度な検索を保障するシステムとする。

(2) 利用者による情報入力

従来の索引システムや主題組織法では，インデクサーや図書館員といった専門家が索引づけをしてきたが，利用者がタグ，レビュー，評価付け等の情報を入力し，異なった観点から検索し，情報を入手することが行われるようになった。Web2.0 の考え方である参加型ネットワーク，ソーシャルネットワークの手法が OPAC にも導入されている。例えば，得た情報に個人のタグ付けを行う「ソーシャルタギング」，個人的な情報の体系化であるフォーク（大衆：folks）とタクソノミー（分類法：taxonomy）を組み合わせた造語である「フォークソノミー」(folksonomy) などがあり，非統制，非体系な語彙の集合ではあるが，多様なタグが柔軟な検索効果をもたらすとも言われる。

⑶　表示によるサポート

検索結果表示に以下のような機能を付加し，さらなる検索法を提示する。

1)　タグクラウドやワードクラウドによるサジェスト機能

タグや表示された語・文字列に大きさや濃淡をつけて表示するタグクラウド（tag cloud）や，入力された検索語に関連する語をグラフ状に表示するワードクラウド（word cloud）の手法を使って，重要度やさらなる検索方法を示唆する。

2)　重みづけ（レレバンスランキング表示）

検索結果を単一の書誌事項によってソートするのでなく，入力された検索語の関連度を読み，重要なものから表示する。

3)　FRBR 化表示

FRBR モデルの考え方に従って，著作の集中をはかり，それに関する目録の実体関連を表示し，関連する資料や書誌情報をみつける方法が試みられている。著作の集中，FRBR の表示効果を上げるには，名称や件名の典拠コントロールの充実，書誌階層といった目録の構造化が必要であるとともに，現在の目録法を FRBR 対応のものにしていかなければならない。

4)　ファセット型ブラウジング

検索結果に対して絞り込み検索を行う場合の，一つのサジェスト機能である。ある検索結果に対して，複数の検索の視点・観点（ファセット）を用意し，その各ファセットのなかの検索語等を使ってさらに絞り込みを行うと，その検索結果に対してさらに諸ファセットが表示される。ファセットには，主題分析，資料種別，所蔵館，言語，著者等が設定される。

⑷　マッシュアップ機能

提供する情報に他のシステムの情報を取り込み組み合わせて，情報をより豊かにし提供する。

⑸　表示後のサービス

検索結果の表示後に，その資料と関連する資料や推薦図書を案内するといったリコメンド機能を盛り込む。

⑹　統合検索

複数の OPAC 間の統合検索については，横断検索による分散型総合目録のところを参照のこと（p.70）。

⑺　電子資料へのリンク

OPAC からリンクリゾルバー・モデル（第5章第3節「電子ジャーナル」のところで詳述）を使用し，電子化資料，電子ジャーナルやさまざまな電子情報資源へのリンクやナビゲーションを行う。検索結果に付されたリンクのボタン等をクリックすることにより，適合した情報資源にリンクされる。

OPAC をシステムの一部として取り込み，それをさまざまなデータベースやシステムと統合し，電子化された一次情報へのアクセスを可能にする「電子図書館ポータル」や「ポータルサイト」が提供されている。これらについては，第6章第3節「情報資源提供システム」において詳述する。

以上のような検索機能に加え，最近は，次世代型の「ディスカバリー・サービス」である「ウェブ・スケール・ディスカバリー」（Web Scale Discovery）[6]が登場している。検索モードを設定して狭い領域から広大な領域までを包摂するとともに，統合検索の速度を高めるためセントラルインデクス（世界中の膨大なデータベースから事前に検索インデクスを作成）を整備し，電子コンテンツを含む図書館や各種の商用データベースをクラウドサービスとして効率的に提供する。

■注・引用文献──

⑴　日本図書館協会目録委員会編『日本目録規則 1987 年版改訂 3 版』日本図書館協会，2006，p.424

⑵　国立国会図書館『JAPAN/MARC　MARC21 フォーマットマニュアル』単行・逐次刊行資料編（2021 年 1 月版）
https://www.ndl.go.jp/jp/data/JAPANMARC_MARC21manual_MS_202101.pdf（accessed 2021.10.18）

⑶　日本図書館情報学会用語辞典編集委員会編『図書館情報学用語辞典』第 4 版，丸善，2013，p.132

⑷　https://ndlonline.ndl.go.jp/#!/（accessed 2020.4.4）

(5) 渡邉隆弘「「次世代 OPAC」への移行とこれからの目録情報」『図書館界』Vol.61，
No.2，2009.7，pp.146-159

　林豊「最近の図書館システムの基礎知識：リンクリゾルバ，ディスカバリーサービス，
文献管理ツール」『専門図書館』No.264，2014.3，pp.2-8

(6) 飯野勝則『図書館を変える！ウェブスケールディスカバリー入門』出版ニュース社，
2016（ジャパンナレッジライブラリアンシリーズ）

第5章

ネットワーク情報資源の組織化

　情報通信技術の発展とインターネットの普及，メディアの多様化，そして図書館における電子図書館機能の展開により，目録をとりまく環境は激変した。

　従来の図書，雑誌，新聞等の紙媒体資料に加えて，パッケージ系の録音・映像資料，マイクロ資料といった非図書資料の書誌情報を，オンライン閲覧目録（OPAC）を通じて，自館の蔵書へのアクセス手段として，利用者に提供するだけではもはや不十分である。電子ブック，電子ジャーナル，機関リポジトリに蓄積される著作や論文，各種サイト，ブログといったいわゆるネットワーク系のボーンデジタル資料が文化的，学術的活動の所産として生産され，流通するようになっており，図書館にはこれらの情報も含めて提供するサービス（外部情報へのナビゲーションも含む）が求められるようになった。

第1節　メタデータ

　図書館は，ネットワーク情報資源に対するメタデータとして主にダブリンコアに基づくメタデータを作成し，そのメタデータを共有するためのメタデータ構築事業を開始した。

　メタデータとは「データに関するデータ」「データに関する構造化されたデータ」という意味である。広義には，従来の目録，書誌，索引，抄録，辞書，書評等も含まれるが，狭義にはネットワーク上の情報資源を記述し，提供，収集，保存，利用するために活用されるデータのことである。

　記述する事項にどの項目名を用い，項目の内容をどのような形で記述するか

を定義したものがメタデータ規則，またはメタデータスキーマと呼ばれる。

1　ダブリンコア

　ウェブ上のリソースを記述する共通のメタデータ標準，メタデータスキーマのうち，図書館界で最も注目され，よく使用されているのがダブリンコアである。

　ダブリンコアは，後述するダブリンコア・メタデータ・エレメント・セット（DCMES）の略称であり，1995 年に NCSA（National Center for Supercomputing Applications）と OCLC（Online Computer Library Center）が主催したワークショップで提案され，その後，草の根のように世界に広がった。連合組織である Dublin Core Metadata Initiative（DCMI）がその制定，維持・管理を行うとともに，普及発展を推進している。図書館ばかりでなく，各コミュニティで共通に使用できる項目名を定めており，相互運用性が高い。

　〈ダブリンコア・メタデータ・エレメント・セット（DCMES）〉

　ダブリンコアは，15 項目の要素（プロパティー）から構成されており，2003 年，国際標準化機構（ISO）の規格（ISO15836）に制定され，2005 年には国内標準（JIS X 0836）（ダブリンコアメタデータ基本記述要素集合）として規格化されている。

　15 の要素名は，タイトル（Title），作成者（Creator），主題およびキーワード（Subject and Keywords），内容記述（Description），公開者（Publisher），寄与者（Contributor），日付（Date），内容の性質もしくはジャンルである資源タイプ（Type），物理的形態ないしデジタル形態での表現形式（Format），資源識別子（Identifier），源になった情報資源への参照（Source），言語（Language），関連情報資源への参照（Relation），情報資源の時間的・空間的範囲（Coverage），権利管理（Rights）である。これらの基本記述要素は，かなり広い概念を含んでおり，シンプル DC と呼ばれる。

　ダブリンコアの特徴は，記述の柔軟性および拡張性にある。

　① 記述の柔軟性

　15 の基本要素は入力必須項目でなく任意項目であり，繰り返し可能である。また，要素の順序もとくに制約がない。

② 拡張性

当初は各要素において，記述を詳細化するため限定子を定めることができるようにしていた。これらの限定子は自由に設定できるが，限定子があるなしにかかわらず各要素の枠組みが一定のものでなくてはならない。この原則を「ダムダウン（Dumb Down）原則」と呼び，これが守られることによってデータのやり取りや検索に支障がないようにされていた。

また，各コミュニティの運用のため「応用プロファイル」が用意され，取り扱う情報資源の特性に応じた拡張が可能になっている。応用プロファイルはメタデータの作成に必要な事項一式を定めたものであり，図書館界では「図書館応用プロファイル」が適用される。こうして，さまざまなコミュニティでダブリンコアが使用される場合でも，相互運用性が保たれるのである。

その後，2008年にDCMIは，各コミュニティがその応用プロファイルを策定する際に依拠すべき枠組みである「シンガポール・フレームワーク」を提示した。注目すべきものは，資源モデル，記述セットモデル，語彙モデルの3つで構成される「DCMI抽象モデル」（DCMI abstract model）の提案である。記述要素の拡充，記述要素の意味定義の見直しとその使用範囲の明確化，概念関係の整理等を行い，DCメタデータ語彙（DCMI Metadata Terms）が公表された。これはRDF（Resource Description Framework）モデルを参考にしており，将来のセマンティック・ウェブ（RDFやセマンティック・ウェブについては，第6章第4節で詳説）を意識したものである。より厳密で精緻な記述が必要とされることから，DCMESとは別に，その15要素を含む55の記述要素（プロパティー）に拡張された。

国立国会図書館でも，2007年にダブリンコアに準拠して記述要素を確定したDC-NDL記述要素に加え，2010年6月に「DCMI抽象モデル」を採り入れ「国立国会図書館ダブリンコアメタデータ記述」（DC-NDL 2010年6月版）を制定した。さらに日本語の読み・翻字，国内における統制語・識別子等の標準体系に関する語彙を拡張し，現在の「国立国会図書館ダブリンコアメタデータ記述（DC-NDL 2011年12月版）」を制定している。今後も，メタデータ標準の動向に

応じて定期的に見直しを行い改訂が加えられる予定である。

2 MARC とメタデータのクロスウォーク

　当初は，メタデータへの一本化を目指し MARC 不要論もあったが，すでに MARC により OPAC を通じて提供してきた膨大なパッケージ系資料群（図書，雑誌，新聞等の印刷資料，各種 AV 資料，パッケージ系電子資料等）とネットワーク情報資源をどう関係づけるか，またそれらを一つの目録によりどう提供していくかというハイブリッドライブラリーとしての課題があった。

　米国議会図書館 (LC) は，MARC21 にみられるように，各種電子資料に対応するためこれまでの MARC フォーマットにネットワーク情報資源の属性を記述するフィールドを追加したり，MARC を WEB 環境で有効利用できるよう XML に変換し MARC-XML を開発した。MARC とメタデータ間のクロスウォークを考えると，簡略なダブリンコアではこれまでに作成・蓄積された書誌情報等に対応できないことから MODS（Metadata Object Description Schema）を開発し，相互変換を容易にしている。

表5.1　ダブリンコアと MODS の基本要素の比較

〈ダブリンコア（DC）〉

	要素名	表示名	MODS との関係
1	Title	タイトル	1
2	Creator	作成者	2
3	Subject	主題	12, 13
4	Description	内容記述	8, 9, 11
5	Publisher	公開者	5
6	Contributor	寄与者	2
7	Date	日付	5
8	Type	資源タイプ	3, 4
9	Format	表現形式	7
10	Identifier	資源識別子	15
11	Source	原情報資源	―
12	Language	言語	6

13	Relation	関連情報資源	14, 18
14	Coverage	時空間範囲	—
15	Rights	権利管理	17

〈MODS〉

	要素名	表示名
1	titleInfo	タイトル情報
2	name	名称
3	typeOfReource	資料種別
4	genre	ジャンル
5	originInfo	発行情報（出版地，出版者，出版年月等にあたる）
6	language	言語
7	physicalDescription	形態記述（ページ数，大きさ）
8	abstract	抄録
9	tableOfContents	目次
10	targetAudience	利用対象
11	note	注記
12	subject	主題（件名標目）
13	classification	分類
14	relatedItem	関連資料（シリーズなど異なる書誌階層）
15	identifier	識別子
16	location	＊ロケーション
17	accessCondition	アクセス条件
18	part	部編
19	extension	＊拡張エレメント
20	recordInfo	＊管理情報

＊…ダブリンコアに対応するものがないもの

3 メタデータの共有

　ダブリンコアや MODS 以外に，さまざまなコミュニティで使用されるメタデータ標準には，①出版データの ONIX（ONline Information eXchange），②教育・学習コンテンツのメタデータである IEEE LOM（IEEE Learning Object Metadata），③地理情報の CSDGM（Content Standard for Digital Geospatial Metadata），④政府情報の GILS（Government Information Locator Service）や米国国立公文書館の NAIL（NARA Archival Information Locator），⑤人文科学のテキストの符号化や交換のための標準である TEI（Text Encoding Initiative）等がある。

このうち，ONIX は米国出版社協会が開発したもので，出版・書籍販売のためのメタデータであり，図書（ONIX for Books），雑誌（ONIX for Serials）等のフォーマットがあり，世界的な出版メタデータに成長している。OCLC がONIX の出版情報と World Cat の書誌情報とを調整したり，米国議会図書館のMARC21 との相互変換サービスを行うことにより，図書館と出版界の連携が推進されている。

さまざまなメタデータ規則の流通性を高めるために，さまざまなコミュニティで使用されるメタデータが，一定のメタデータレジストリーに蓄積され，管理されることにより，各メタデータのエレメントの対応関係などが明確にされ，メタデータ間のクロスウォークが可能となり相互運用が図られる。

第2節　ウェブの組織化

1　サーチエンジン

ネットワーク情報資源の検索のツールとして，サーチエンジン（検索エンジン）がある。サーチエンジンには，索引のような「ロボット型」と「メタサーチエンジン」がある。ロボット型には Google, Yahoo!, Goo, Infoseek 等があり，クローラー（crawler）と呼ばれるソフトウェアを用いて網羅的に収集を行い各ページの文字列による検索を行う。メタサーチエンジンには，Meta Crawler 等があり，複数のエンジンを同時または順次使用して検索を行う。

例えば Google は，検索オプションとしてキーワードだけでなく URL によるページの特殊サーチ等が選択できる。またメニューとして図書検索の Google Books，地図の Google Maps，航空写真の Google Earth，学術論文の Google Scholar 等を提供するとともに，検索法や検索結果の表示を工夫して便利な検索サービスとなっている。

確かにサーチエンジンは至極便利なものだが，「表層ウェブ」しか検索できないうえに，精度が低く，作成者の検索や主題検索に向かない。ウェブページの多くはこの表層ウェブに該当するといわれる。クローラーによって収集でき

ない「見えざるウェブ」「深層ウェブ」に対しては，2ステップサーチになる
場合がある。また，日本語のように形態素（意味をもつ最小単位）解析に向かな
い言語の検索はさらに困難である。

　そのようなサーチエンジンの欠点を補い，より精度の高い検索を保障するこ
とができるように，図書館ではこれまで培ってきた目録や主題検索のための方
法をネットワーク情報資源の検索に生かすべく，さまざまな試みが検討されて
いる。

2　サブジェクトゲートウェイ

　図書館を中心に，1990年代からネットワーク情報資源の組織化とサーチエ
ンジンを超える検索システムを構築する目的で，メタデータを利用した専門分
野のための「サブジェクトゲートウェイ」，または全分野のための「インフォ
メーションゲートウェイ」と呼ばれるネットワーク情報資源データベースの構
築が行われるようになった。これらは，重要なネットワーク情報資源を選択的
に収集し，書誌記述，主題分析を行ってメタデータを付与して組織化し提供す
るものである。また，最近では，これに似た電子情報サービスとして，特定の
主題に関する資料・情報の案内である「パスファインダー」を作成し提供する
図書館も増えている。

3　ウェブアーカイビング

　ウェブページは，更新資料といわれるように，内容やURLが頻繁に変更に
なったり，削除されたりすることが多い不安定な情報である。なかには，文化，
学術的に非常に貴重な資料もある。これらを保存するウェブアーカイビングは，
図書館の重要な役割の一つであると考えられる。米国の Internet Archives 社
や各国の国立図書館等がこの困難な事業に取り組んでいる。網羅的に収集する
バルク収集に対し，選択的に収集する場合もある。

　わが国においては，国立国会図書館が2002年以降，「インターネット資源選
択的蓄積実験事業」としてこれを開始し，2009年7月に国立国会図書館法を

改正して，2010 年 4 月から公的機関の作成するインターネット資料については，各機関の許諾なしに収集・保存を行えることとなった。さらに，2012 年 6 月の国立国会図書館法の改正により，民間で出版された電子書籍，電子雑誌等のうち無償で DRM（技術的制限手段）のないものを収集・保存している。現在のところ，前者をインターネット資料収集保存事業，後者をオンライン資料収集制度（e デポ）と呼んで区別している。

〈国立国会図書館のインターネット資料収集保存事業（WARP: Web Archiving Project）〉

国の機関，都道府県，政令指定都市，市町村，法人，機構，大学のイベント・電子雑誌の収集とその保存を行っている。簡易検索，書誌・本文検索，ディレクトリ検索ができる。メタデータは，基本的にダブリンコアに準拠した「国立国会図書館ダブリンコアメタデータ記述（DC-NDL 2011 年 12 月版）」を使用している。

電子資料の長期保存のためのメタデータは，ダブリンコアのような記述メタデータとは違って，ファイル・フォーマット，作成アプリケーション，ハードウェア・ソフトウェア環境，デジタル署名等のように保存作業に必要なメタデータである。国際標準規格である「開放型アーカイブ情報システムのための参照モデル」（Reference Model for an Open Archival Information System）を踏まえ，OCLC と RLG により共同で設置された PREMIS（Preservation Metadata: Implementation Strategies）という作業グループが作成した「PREMIS 保存メタデータのためのデータ辞書」は米国議会図書館によって維持管理され，メタデータ要素を具体的に記録する方式として METS（Metadata Encoding & Transmission Standard）も提案されている。またこれは，上記の国立国会図書館の事業にも採用されている。

第3節　電子ジャーナル

電子ジャーナルの論文の全文テキストに，ベンダーが行うリンクの方法には，以下の3つがある。

(1)　全文リンク

電子ジャーナルのための書誌（リスト）を検索すると，該当文献のURLを埋め込んだアイコンが提示され，クリックすれば，全文が提示される。

(2)　OPACリンク

OPACの検索結果の表示画面に蔵書検索のアイコンが提示され，クリックすれば，ISSNなどのOPACシステムを検索するコマンドが送付される。

(3)　リンクリゾルバー・モデル

情報基盤を参照し利用者を適切な資源に導く，学術電子情報資源の管理と提供のシステムである。

リンクソース（起点）とリンクターゲット（到達点）の間に介在し，流動性の激しいURLのメンテナンスをソース側に委ねるのでなく一元的に管理することにより，電子情報資源のリンク先URLを解決する。CrossRef（論文に一意的なデジタルオブジェクト識別子DOIを付与しこれを共同のサーバで管理する）やEx Libris社のS・F・Xなどがある。日本では，科学技術振興機構（JST），物質・材料研究機構（NIMS），国立情報学研究所（NII），国立国会図書館（NDL）が共同で運営するジャパンリンクセンター（JaLC）が電子化された学術論文，書籍，論文付随情報，研究データなどにDOIを登録し，コンテンツの所在情報（URL）等とともに管理している。リンクソースからリゾルバーに送るメタデータはベンダー共通の標準化がなされOpenURLというフォーマットが使用される。これに準拠しているリンクソースには，主な電子ジャーナルのプラットフォームやGoogle　Scholarなどがある。このようなリンクリゾルバー・モデルにより，引用文献のリンクが可能になり，引用関係の調査にも利用されている。

第6章

新たな情報資源組織化

第1節　メタデータの設計

1　メタデータの基本計画

　新たなメタデータは，ネットワーク情報資源のみならず，デジタル，非デジタルを問わない情報資源を提供，収集，保存，利用するために付与され，活用される広範なデータとして設計されなければならない。ハイブリッドライブラリーにおいては，広義のメタデータが活用される。

2　メタデータの機能と概念モデル

⑴　メタデータの機能規定

　メタデータの要求分析，定義により，機能規定がなされ，それにより，次に述べるような個々のデータ項目定義がなされる。

　詳細で品質の高いメタデータを作成しようとすると，設計において概念構築をしておくことが必要である。

　目録の基本的機能は，既述のように，「発見」「識別」「選択」であったが，そのほかに，最近では「入手」「関連づけ」も重要と考えられている。メタデータを設計するためには，まずこのような機能を明確に規定しておく必要がある。そのため，国際図書館連盟 (IFLA) では，次に述べるような書誌レコードの機能要件を考察し，その概念モデルを構築した。

⑵ 概念モデル

書誌レコードの機能要件 (FRBR: Functional Requirements for Bibliographic Records) [1]

ネットワーク情報資源の登場により，目録規則の構造自体を見直す必要性が広く認識されるとともに，メディアや利用者ニーズの多様化に対応し，費用対効果の高い効率的な目録作成が求められた。そのため IFLA の UBC 事務局が中心となって，書誌レコードの機能要件を再検討し，必要最小限の機能要件を探り出そうとする試みが開始され，最終報告書が 1997 年に発表された。目録規則や MARC レコードの構造，OPAC の表示方法などに幅広く影響を与えている。

FRBR は実体関連 (entity-relationship) 分析の手法を用いて，利用者が目録に求める実体をとりだし，それらの関係を整理し書誌情報に対する「概念モデル」を作成するとともに，情報の発見，識別，選択，入手という目録利用者の「行動モデル」を支援するための必要要件を考察した。

実体は，3 つのグループに分けられている。第 1 グループは，書誌レコードにおいて命名あるいは記述される知的・芸術的活動の成果を異なる側面から見たものである。

従来の目録法では，「版」を基本的な単位として扱い，どの著作に対しても版ごとに目録を作成するように定められている。その結果，特定の著者についてその著作が集中するとともに，特定の著作についてはさまざまな版が集中するよう配慮されてきた。FRBR では，著作と版 (「体現形」および「個別資料」) の中間に「表現形」という概念を設け，「著作」の翻訳，注釈，翻案，脚色，映画化，上演等のさまざまな表現に目録が対応できるようにするべきであると考えられている。

すなわち知的芸術的に生み出された抽象的な存在である著作 (work) を抽象から具体へと 4 つの段階でとらえ，「著作」を何らかの方法で表現した「表現形」(expression)，「表現形」に物理的な形態をもたせた「体現形」(manifestation)，通常複製物として配布される「体現形」のうち手元にある一つを指す「個別資

料」(item) を設定する（これは，「著作」と「版」の中間に「表現形」という概念を設け「版」のもとに「個別資料」を設定したとも考えられる）。

　さらに，第2グループは，著作に責任を負う主体を「個人」と「団体」の2つに分け，第3のグループは，第1グループと第2グループの6つの実体における主題の種類を「概念」「物」「出来事」「場所」に整理した。

　しかし詳細なモデル化は第1グループに留まり，他は典拠レコードに関係するものとして将来の課題とされていたが，「典拠データの機能要件」(FRAD: Functional Requirements for Authority Data) と「主題典拠データの機能要件」(FRSAD: Functional Requirements for Subject Authority Data) の検討が進み，各グループにおけるモデル策定が行われた。

　一つの著作から派生する関連する書誌情報の集まりは「書誌ファミリー」と呼ばれるが，FRBR の階層構造を活用し，著作・表現形・体現形・個別資料の

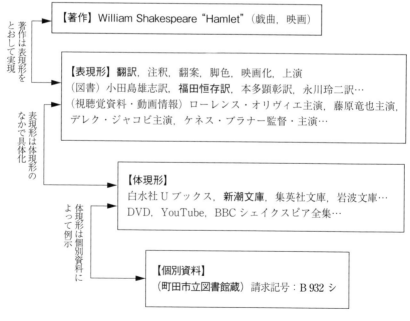

図6.1　FRBR 第1グループの概念図

書誌レコード間に存在する関係性を明確にして，書誌ファミリーを形成することが可能になれば，検索やブラウジングが非常に便利になるであろう。

3　レコード設計とデータ項目の定義

(1)　書誌レコード，典拠レコード，所蔵レコード

　メタデータの機能規定と概念モデルが確定すると，それにより，どのようなレコードが必要なのかを設計しなくてはならない。図書館や情報センターでは，目録法で述べたように，書誌レコードと所蔵レコードが必須のレコードとして考えられる。また書誌レコードに付与される標目を管理するための典拠レコードも必要である。メタデータの提供，メタデータの検索において，これらのレコードが相互に関連づけされる。

　これらの書誌レコード，典拠レコード，所蔵レコードは，それぞれFRBRの概念モデルからすると，そこで明らかにされた実体群と対応していなくてはならない。例えば，著者名典拠レコードは個人・団体に，統一タイトルの典拠レコードは著作に，書誌レコードは表現形と体現形に，所蔵レコードは個別資料に対応するよう設計されれば，FRBRの機能分析が実際の検索に生かされるであろう。

(2)　データ項目

　すでにみたように，MARCではレコードの内容である実際の書誌データの各要素を識別するために，特定の文字列が記録されている。MARCレコードの内容識別子と呼ばれるが，これにはフィールド識別子とサブフィールド識別子があり，後者は前者の構成要素をさらに細分化し識別するものである。内容識別子の定義は書誌データの内部構造の取り扱いに関係するもので，「内形式」とも呼ばれて，個別レコード内部のフィールド項目（書誌情報を記録するためのデータ項目）を規定している。

　ダブリンコアでは，15項目のエレメントが規定されていた。米国議会図書館では，このエレメントだけでは，複雑な書誌情報に対応できないという考え方から，MARCのデータ項目を生かしMODSを開発したことはすでに述べた。

日本の国立国会図書館でも，NDL デジタルアーカイブシステム・メタデータ
スキーマの書誌情報に該当する記述メタデータにその MODS を採用した。

(3) データ項目値に関する規則

データ項目に実際に入力される項目値（書誌事項）は，目録規則によって規定
される。現在，国際的には「国際目録原則」が提案された。また『英米目録規
則 第2版』の後継規則である RDA（Resource Description and Access）も米国議
会図書館（LC）で導入された。これに続いて世界の多くの国立図書館等が採用
している。日本でも，『日本目録規則 1987 年版改訂3版』が，『日本目録規
則 2018 年版』に改訂された。

1）国際目録原則（ICP: International Cataloguing Principles）

2003 年 12 月，IFLA の専門家会議は新たな「国際目録法原則」を提案し，
広く国際的コメントを求めることにより，世界各地における合意形成がなされ
た。この原則においては，パリ原則が見直され，あらゆる資料について書誌レ
コードのみならず典拠レコードを含む目録のあらゆる側面に適用されること
を意図し，FRBR などの新たな概念モデルにも準拠した。2009 年 2 月および
2016 年改訂版の原文（英語）およびその他の言語による翻訳が IFLA 目録分科
会のウェブサイトで公開されている。国立国会図書館のウェブサイトでも，邦
訳が掲載され紹介されている[2]。

この国際目録原則は各国における目録規則の策定に向けて，指導原理として
「一般原則」を設けるとともに，最上位の原則を「利用者の利便性」に置き，「用
語法の一般性」「データ要素の有意性」，目標達成に対する「経済性」「一貫性
および標準性」等の 13 の原則を規定している。

2）RDA（Resource Description and Access）

英米目録規則改訂合同運営委員会（その後改称）は，メタデータとの親和性や
FRBR の導入を考慮し，『英米目録規則第2版』（以下 AACR2）に代わる RDA
の検討を行ってきた。いくつかの草案の段階を経て，2010 年 6 月からその最
終版がツールキット[3] の形で利用可能となっており，2011 年に冊子体も加え
られた。

2013 年 3 月 31 日に LC で導入が始まり，世界の多数の国立図書館，大学図書館等が続いている。

　日本でも，国立国会図書館が 2013 年 4 月から外国刊行の洋図書に適用したのを皮切りに，大学図書館等でも注目しており調査研究を続けている。

　RDA は，それまでの目録との断絶を意図したものでなく，機械可読性の向上を目指し，情報環境の変化に対応できるよう運用に自由度を高め，柔軟性をもたせた。目録の集中機能の強化を図るため典拠コントロールを重視している。

　本体は，2 部，10 セクション，37 章から成り（図6.2），その前後に序論と付録（略語，記述データ・アクセスポイントコントロールのレコード構文，関連指示子等）・用語集，索引が配されている。ただし，いわゆる主題目録法にかかわる部分は制定されていない。

　従来の目録規則と異なる特徴をあげると，以下のとおりである[4]。

　① FRBR への対応

　FRBR モデルおよび FRAD モデルに従って，「実体の属性」「実体間の関連」の 2 部立てとしている。

　著作や表現形，および個人・家族・団体を表すアクセスポイントは，従来の標目に代わる役割を担い，統一標目に当たる典拠形アクセスポイントと，参照に当たる異形アクセスポイントで構成される。

　② 資料の物理的側面と内容的側面

　AACR2 の資料種別に代えて，物理的な系列（メディア種別・キャリア種別）と内容的な系列（内容種別）に分けた。キャリアの記述においては，従来の形態に関する事項に相当するエレメントを増強した。

　③ 機械可読性の向上

　フィールドとサブフィールドの追加に対応し，従来のエリアを廃して，エレメントを独立した単位とし増強した。また記述の精粗にレベルを設けることなく容易に入手できるデータをコア・エレメントとして必ず記録することとし，各セクションにこれを指示している。このようにデータ項目値を明確にしてデータ管理を円滑にし，機械可読性を向上させている。

④ メタデータの普遍化

意味的側面(語彙やエレメントの定義)と構文的(符号化方式)側面を分離し，後者を規定せず特定のフォーマットを要求しないことで，書誌レコードを構成する各データの関連付けを容易にした。包括的な情報資源への対応と，他のコミュニティとの相互運用性というメタデータの普遍化を目指した。

3) ISBD の新たな動向

ISBD も FRBR の概念モデルの取り込みが行われている。これまでの資料種別ごとの ISBD を廃止し(p.27 参照)，新たに制定された 2011 年の「ISBD 統合版」では，従来のエリア 1 (タイトルと責任表示) の第 2 エレメントであった一般資料表示 (GMD: general material designation) を改訂しエリア 0 を新設して 9 つのエリアとした。エリア 0 には，「内容形式 (content form) および内容説明 (content qualification) ならびに機器タイプ (media type)」を置き，内容形式に「表現形」(画像，テキスト，プログラム，音声等)，機器タイプエリアに「体現形」(オーディオ，電子，複合機器，映写，ビデオ等) に関わる記述，すなわち内容とキャリアの明確な区分による記述を行えるようにした。

```
［実体の属性の記録］
    セクション 1  体現形と個別資料の属性の記録
    セクション 2  著作と表現形の属性の記録
    セクション 3  行為主体の属性の記録
    セクション 4  概念・物・出来事・場所の属性の記録
［実体と実体の関係の記録］
    セクション 5  著作，表現形，体現形，個別資料の間の主要な関連の記録
    セクション 6  行為主体への関連の記録
    セクション 7  概念・物・出来事・場所への関連の記録
    セクション 8  著作，表現形，体現形，個別資料の間の関連の記録
    セクション 9  行為主体の間の関連の記録
    セクション 10  概念・物・出来事・場所の間の関連の記録
```

＊RDA の目次にはセクションしかないが，二部構成であることを明示した。

図 6.2　RDA の構成と目次

⑷ 新たな日本目録規則

日本でも日本図書館協会が国立国会図書館と連携し 2018 年 12 月に『日本目録規則 2018 年版』（以下 NCR2018) が刊行された [5]。データを国際的に活用するため，RDA との相互運用性を意識している。そのため RDA と同じく FRBR の概念モデルを採用し，FRBR の実体ごとの章になっている。但し，RDA では体現形と個別資料，著作と表現形を合わせて扱っているのに対し，NCR2018 ではこれらの章を分けることで，FRBR の実体により即した構成にしたり，属性の記録とアクセス・ポイントの記録の章を分けたりしている。また，RDA にはない読みや和漢古書の取り扱いについても規定しているなど，RDA と異なる規則もある。

NCR1987 は基本的には目録カードに記録するための規則であり，ISBD に準拠して記録する内容やその順番，それぞれの項目間の区切り記号を定めていた。しかし現在ではほとんどの目録がデータベースで管理され，OPAC のようにコンピュータ画面に表示されているが，その表示方法はシステムによって異なっている。そのため，表示の順やデータの区切り記号などは目録規則としては規定せず，データの内容についてのみ扱っている。

NCR2018 については，第 2 部「情報資源組織演習」「『日本目録規則（NCR)

```
序説
第 1 部  総説
        第 0 章  総説
第 2 部  属性
        〈属性の記録〉
        セクション 1  属性総則
            第 1 章  属性総則
        セクション 2  著作，表現形，体現形，個別資料
            第 2 章  体現形
            第 3 章  個別資料
            第 4 章  著作
            第 5 章  表現形
        セクション 3  個人・家族・団体
            第 6 章  個人
            第 7 章  家族
            第 8 章  団体
```

- セクション4　概念，物，出来事，場所
  - 第9章　概念（保留）
  - 第10章　物（保留）
  - 第11章　出来事（保留）
  - 第12章　場所
  - 〈アクセス・ポイントの構築〉
- セクション5　アクセス・ポイント
  - 第21章　アクセス・ポイントの構築総則
  - 第22章　著作
  - 第23章　表現形
  - 第24章　体現形（保留）
  - 第25章　個別資料（保留）
  - 第26章　個人
  - 第27章　家族
  - 第28章　団体
  - 第29章　概念（保留）
  - 第30章　物（保留）
  - 第31章　出来事（保留）
  - 第32章　場所（保留）

第3部　関連
- セクション6　関連総則
  - 第41章　関連総則
- セクション7　資料に関する関連
  - 第42章　資料に関する基本的関連
  - 第43章　資料に関するその他の関連
  - 第44章　資料と個人・家族・団体との関連
  - 第45章　資料と主題との関連（保留）
- セクション8　その他の関連
  - 第46章　個人・家族・団体の間の関連
  - 第47章　主題間の関連（保留）

付録
- A.1　片仮名記録法
- A.2　大文字使用法
- A.3　略語使用法
- B.1　語彙のリストの用語
- B.2　三次元資料の種類を示す用語と用いる助数詞（追加分）
- C.1　関連指示子：資料に関するその他の関連
- C.2　関連指示子：資料と個人・家族・団体との関連
- C.3　関連指示子：資料と主題との関連（保留）
- C.4　関連指示子：個人・家族・団体の間の関連
- C.5　関連指示子：主題間の関連（保留）
- D　用語解説

索引

図6.3　NCR2018の目次

2018 年版』の概要」(p.124) で詳しく解説する。

4　符号化方式

　次にデータ項目とその値で構成されるレコードを，コンピュータシステム間で正確に解釈・伝達するために，どのようにそれを符号化し，構造的に表現すればよいか。その手法が符号化方式 (エンコーディング方式) であり，それを規定したものを「エンコーディング・フォーマット」または「エンコーディング・スキーマ」と呼ぶ。現在は，MARC フォーマットによるものと XML，JSON等を用いたものに大別される。

(1)　MARC フォーマットによる符号化

　コンピュータが目録レコードを読み取れるよう，一定の規則に従って入力をするための設計図である書誌データの記録形式を定めた MARC フォーマットのうち，レコードの構造を規定した外形式に基づき符号化される。

(2)　XML を用いた符号化

　「マークアップランゲージ」はインターネット上で扱うデータを記述するための表現形式で，特定の記号やコマンド文字列を使用してテキストファイルに論理構造，属性，レイアウト等の情報を付加するためのコンピュータ言語である。代表的なものには，SGML（Standard Generalized Markup Language），HTML（Hypertext Markup Language），XML（eXtensible Markup Language）がある。HTML は最低限の要素で構成され，簡易であるうえ，別のページにリンクを張ることができるためにホームページの記述言語として使用されている。しかしながら，タグ名が固定されているため自由にタグの拡張ができないことや厳密な構文解析が難しいことなどから，メタデータのフォーマットとしては XML が普及した。

　XML は，W3C が開発した SGML の後継言語である。SGML よりも簡明な規格で，文書作成者が自ら文書の構造を表現する規則を作成することができ，拡張性が高い。インターネット上の文書形式の標準化を目指しており，データ交換にも役立つ。

表 6.1　雑誌記事の XML 記述例（p.230 参照）

```
<Journal Article>
<タイトル>『日本十進分類法』新訂10版をめぐって</タイトル>
<著者>藤倉，恵一</著者>
<上位タイトル>現代の図書館</上位タイトル>
<出版地>東京</出版地>
<出版者>日本図書館協会</出版者>
<巻号>48巻4号</巻号>
<年月次>2010.12</年月次>
<ページ>217-223</ページ>
<ISSN>00166332</ISSN>
<キーワード>日本十進分類法　NDC　図書分類法</キーワード>
<分類：NDC>014.45</分類：NDC>
</Journal Article>
```

　MARC をインターネット上で広く活用するために，MARC を XML に単純変換を行い MARC-XML を作成する例は，米国の MARC21 や日本の JAPAN-MARC にも見られる。

　しかしながら，現在はさらに XML を十分に活用した「エンコーディング方式」が求められている。ダブリンコアの RDF（Resource Description Framework）による記述はその一例であるが，最近は，後述するようにセマンティック・ウェブやオントロジー技術により，オントロジー記述言語 OWL（Web Ontology Language）や RDF により記述するシステムである SKOS（Simple Knowledge Organization System）が開発され，新たな情報環境に対応したメタデータの広範な利活用に道を拓きつつある（p.110 参照）。

(3)　JSON を用いた符号化

　XML とともに，データ交換やテキストベースの NoSQL データベース・フォーマットとして普及しているものに JSON（JavaScript Object Notation）がある[6]。プログラミング言語である JavaScript のデータ構造を基にした形式であり，変数名と値を「：（コロン）」で繋ぐというシンプルな構造である。

```
｛
 "link":"http://iss.ndl.go.jp/books/R000000004-I10958764-00",
 "title":[
   ｛"value":"『日本十進分類法』新訂 10 版をめぐって ",
   "transcription":" ニホン ジッシン ブンルイホウ シンテイ 10 ハン オ メグッテ "｝
 ],
 "alternative":[
   ｛"value":"On the NDC10（Nippon Decimal Classification 10th edition）"｝
 ],
 "seriesTitle":[
   ｛"value":" 特集 分類新時代 ",
   "transcription":" トクシュウ ブンルイ シン ジダイ "｝
 ],
 "creator":[
   ｛"name":" 藤倉 恵一 ",
   "transcription":" フジクラ ケイイチ "｝
 ],
 "dc_creator":[｛"name":" 藤倉 恵一 "｝],
 "issued":["2010-12"],
 "subject":｛"NDLC":["ZU8"]｝,
 "materialType":[" 記事・論文 "],
 "publicationName":｛
   "value":" 現代の図書館 ",
   "volume":"48",
   "number":"4",
   "issue":"196",
   "pageRange":"217 〜 223"｝
 ｝
```

出典：国立国会図書館サーチにより作成

5　IFLA 図書館参照モデル（IFLA LRM）と新たな目録規則

(1)　IFLA LRM（IFLA Library Reference Model）

　FRBR と FRAD および FRSAD は別々のワーキング・グループにより策定されたため，概念モデルとして不統一な部分があった。そのため，これらを統合した概念モデルとして，2017 年に IFLA LRM が公開された[7]。FRBR と同じく実体関連分析の手法を用いているが，実体の設定が異なっている。

　IFLA LRM ではすべての実体の最上位に「res」（ラテン語で「物」）という実体が設定された。この「res」で定義された属性は下位のすべての実体に継承されるので，一つ一つの実体について同じ定義を繰り返す必要がない。また，

「res」は他の「res」と関連付けられるため，その下位の概念であるすべての実体は，他のすべての実体と関連付けることができるようになった。

　FRBRにあった3つのグループ分けをなくしたが，資料に関する実体である「著作」「表現形」「体現形」「個別資料」はそのまま残った。資料の成立に責任がある「個人・家族・団体」（第2グループ）は「行為主体」という実体となり，

表6.3　IFLA LRMの実体と階層

トップレベル	第2レベル	第3レベル
res		
	著作	
	表現形	
	体現形	
	個別資料	
	行為主体	
		個人
		集合的行為主体
	nomen	
	場所	
	時間間隔	

出典：Riva, Patほか（2019）p.16より転載

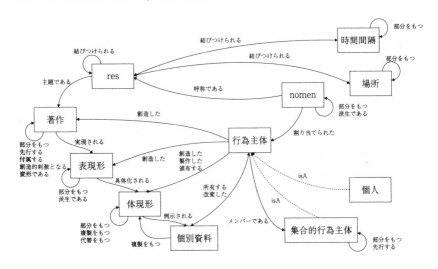

図6.4　IFLA LRMの関連の概観（Riva, Patほか（2019）p.85より転載）

その下位の概念として「個人」「集合的行為主体」が設定された。家族や団体は，res のカテゴリーとして設定することができる。資料の主題である「概念，物，出来事，場所」(第3グループ) はなくなった。第3グループは資料の主題となる実体だったが，資料の主題になるのは「概念，物，出来事，場所」だけではなく，資料や「個人・家族・団体」も主題になり得る。つまり，あらゆる実体が主題になり得るのであるから，資料の主題をグループとして設定する必要はない。そこで IFLA LRM では資料の主題を「res」として設定することで，すべての物事を主題として扱うことができるようにした。

その他に追加された実体は「nomen」「場所」「時間間隔」である。

「nomen」(ラテン語で「名」) は，ある実体とそれを表す名称との結び付きである。独立した実体と捉えることで，名称自体の言語や文字などの属性を記録することができるようになった。

「場所」という実体は FRBR にも存在したが，これは第3グループであり資料の主題に限られていた。これに対して IFLA LRM の「場所」は主題に限らず，例えば個人の出生地や資料の出版地などとしても関連付けることができる。

「時間間隔」は「開始，終了，および期間を有する時間の範囲」であり，例えば個人の生年月日や出版年月日などとして関連付けられる。

(2) これからの目録規則

FRBR が IFLA LRM へと改訂されるのと並行して，RDA も改訂作業が進められてきた[8]。当初の RDA はデータの内容についての規則であり，データを記録する方法については扱わず，さまざまなデータベースや目録カード ("non-digital") に記録する可能性を残していた。それに対して新しい RDA は「メタデータを作成するため」に特化されており，「4 符号化方式」で述べた XML や JSON などの形式で記録することを想定している。実体は IFLA LRM とほぼ同じ構成になっているが，集合的行為主体の下位に団体と家族が位置付けられている点が異なっている (IFLA LRM ではこれらは res のカテゴリーとして宣言される)。

表6.4　新しいRDAの実体と階層

スーパータイプ	下位のタイプ		
RDA 実体			
	著作		
	表現形		
	体現形		
	個別資料		
	行為主体		
		個人	
		集合的行為主体	
			団体
			家族
	Nomen		
	場所		
	時間間隔		

出典：RDA-Toolkit BETA site より作成

第2節　情報資源組織化支援システム

　設計されたメタデータ項目セット，またはメタデータスキーマに従い，個々の情報資源に対してメタデータレコードを作成するのが次の段階となる。ネットワーク情報資源のメタデータは，① 情報を生産するクリエータが作成する，② 収集しアーカイブした図書館等で作成する，③ フルテキストから自動的に生成するという３つの方法が考えられる。そのための組織的な体制整備が必要である。

　現在，主要な書誌ユーティリティや国立図書館は共同の作成支援システムの構築事業を推進している。また，各機関が作成したメタデータを共有する仕組みとして，OAI（Open Archives Initiative）が提唱したメタデータ・ハーベスティング・プロトコル（OAI-PMH）（Open Archives Initiative Protocol for Metadata Harvesting）によるメタデータの収集や，通信プロトコルのSRU/SRW（Search/ Retrieve via URL, Search Retrieve Web Service）や Z39.50 を用いた横断検索による取り込みが行われる。

以下に，各機関のシステムの概要を示す。

1 OCLC の Connexion [(9)]

OCLC が 1999 年に研究プロジェクトとして開始し，2000 年から事業化した
ウェブベースのメタデータ共同構築システムの CORC は，2002 年にオンライ
ン総合目録の WorldCat と統合され，Connexion という新たな目録作成サービ
スに発展した。Connexion は，ILL にも利用されるとともに，オンライン情報
検索サービスである First Search にも他のデータベースとともに取り込まれ，
レファレンスサービスの一環として提供されている。

2 国立情報学研究所 (NII)

(1) NII 学術機関リポジトリ構築連携支援事業 [(10)]

日本では，国立情報学研究所が 2002 年に「メタデータ・データベース共同
構築事業」を開始し，大学・研究機関がインターネット上で発信している学術
情報資源のメタデータをデータベース化することにより，学術情報の円滑な流
通を図り各大学の研究成果を広く世界に発信することを支援してきた。学術機
関リポジトリとは，大学および研究機関で生産される電子媒体の知的生産物を，
蓄積・保存したものを，原則的に無償で提供しようとするインターネット上の
保存書庫のことである。この事業は，これまでのメタデータに加えて，図書，
論文等の本文も含めたデータベースの構築を目的としている。

2019 年から JAIRO に代わり運営されている学術機関リポジトリデータベ
ース (IRDB: Institutional Repositories DataBase) [(11)] は，リポジトリに登録された
コンテンツのメタデータを収集し，提供するデータベース・サービスである。
オープンアクセスリポジトリ推進協会 (JPCOAR：Japan Consortium for Open
Access Repositories) が国際流通や相互運用を目指して策定した JPCOAR スキ
ーマ [(12)] または junii2 (p.227 参照) により作成されたメタデータを，OAI-PMH
により収集 (ハーベスト) する。IRDB のほか，CiNii，ヨーロッパの OpenAIRE
(Open Access Infrastructure for Research in Europe) などの学術情報プラットフォ

ーム等で検索に利用される。

(2) 電子情報資源管理システム (ERMS: Electronic Resources Management System) の検討

「第三者が電子的に出版し図書館で契約した情報資源 (データベース, 電子ブック, 電子ジャーナル等) を, 図書館員が管理するために支援を行う用途で開発されたシステムで, ライセンス管理, 更新, 法定利用, アクセス管理および蔵書構築を含む」(『オンライン図書館情報学辞典 (ODLIS)』の electronic resources management (ERM) より)。

これまで紙媒体の資料については, システム的に NACSIS-CAT と各参加館の図書館業務システムの連携が取られてきた。図書の受け入れデータや雑誌のチェックインデータを利用して, 所蔵データを NACSIS-CAT に自動登録することが行われているが, 電子ブックや電子ジャーナルの登録は, システムがまだ構築されていないために, 登録がなされていない。電子資源の共有のためには, ERMS の早期の構築が必要となっている。

国立情報学研究所では, 電子リソース管理データベース (ERDB) プロジェクトとして, 国内のナレッジベースと各館の ERMS を構築し, 書誌情報と各館の契約情報を編集統合した電子情報資源データバンクを作成し, 提供できる体制を整備している (第3節1の「国立情報学研究所の学術情報の公開・共有」における NII-REO の提供もその一環であろう)。

第3節　情報資源提供システム

インターネットの普及に伴い, 図書館情報システムのインターネットへの関与が問題になっている。図書館では, 書誌情報の提供を基礎にインターネットを通じたサービスを開発してきている。しかしこれまでは, 単独の図書館や図書館ネットワークによる図書館界の枠組みを超えるものではなかった。インターネットの一般の利用者は, グーグルやヤフー等のサーチエンジンを使い, 調査やコンテンツの探索を行っている。そこには, 図書館情報システムが含まれてい

ないため，彼らは図書館がもつ膨大な知識情報資源について気付くことはない。

　図書館は，独自のコレクションや情報資源に付加価値を付与し，積極的にグーグル，ウィキペディア，ソーシャルネットワークサービス等のオンラインコミュニティに対して広く提供することを通じて，インターネットにおいて図書館が見えるようにしていかねばならない。

　電子図書館ポータルは，印刷媒体を中心に管理する図書館システム，電子情報資源を管理する情報基盤，機関リポジトリーなどのさまざまなソースからハーベストし，インデックスを作成して統合検索を可能にする。今後は，OPAC を超えたポータルサイトが利用の窓口になり，利用者のインターフェースの中心となる。さらに情報間リンクが進み，各種サーチエンジンから図書館システムへ，電子図書館ポータルからさまざまな情報資源へというグローバルな情報資源の発見と提供が可能になるであろう。

　現在稼働している主要なポータルサイトは，以下のとおりである。

1　国立情報学研究所の学術情報の公開・共有 [13]

　国立情報学研究所が大学図書館，学協会，研究者との協力のもとに構築された学術コンテンツ（論文情報や図書情報）を提供するための総合検索窓口として以下のような各サービスを提供するとともに，各サービスの連携を行っている。

　① CiNii：（NII 学術情報ナビゲータ）

　CiNii Articles では学術雑誌や研究紀要の中から論文を検索。引用情報から関連論文を追跡することもできる，論文情報ナビゲータ。書誌のみならず，J-STAGE，機関リポジトリ等と連携し，論文本文の閲覧も可能となっている。また，2011 年後半から CiNii Books（図書・雑誌検索）も加わり，NACSIS-CAT の書誌・所蔵データが提供されるとともに Web API（Application Program Interface）も公開されている。CiNii Dissertations では日本の博士論文が検索できる。

　さらに，近年のオープンサイエンスの考え方に基づき，文献だけでなく研究データやプロジェクト情報など研究活動に関わる情報を含めた総合的検索サー

ビスとして，CiNii Research を開発し 2021 年 4 月 1 日に本公開した。

② KAKEN（科学研究費補助金データベース）

科学研究費補助金による，あらゆる分野の研究活動における最新成果を検索できる，科学研究費成果公開サービス。

③ IRDB（学術機関リポジトリデータベース）

日本の学術機関リポジトリに蓄積された学術情報（学術雑誌論文，学位論文，研究報告書等）を横断的に検索できるサービス。

④ NII-REO（電子リソース・アーカイブ）

電子ジャーナル等の安定的，継続的な提供を目的として，大学図書館コンソーシアム等が契約した電子ジャーナルコンテンツ等を保管し，契約機関に提供するリポジトリ。

2　国立国会図書館サーチ ⁽¹⁴⁾

2012 年 1 月に本格稼働したシステムで同館が所蔵しているかいないかにかかわらず，紙と電子情報資源を統合的に検索できるシステムである。一般的な検索・閲覧のほかに，Web API（Application Program Interface）の提供により利用者が情報を再利用できるようにし，また，他のデータとのマッシュアップ機能や OSS（オープンソースソフトウェア）を提供しサービスや機能を再利用できるようにしている。他機関との連携協力 ⁽¹⁵⁾ を強化し，知識情報資源の利活用を促進し，知識インフラの構築を目指している。

3　デジタルアーカイブの分野横断統合ポータル

さまざまなデジタルアーカイブと連携して，多様なコンテンツのメタデータを横断的に検索し自由に利活用できる総合的ポータルサイトが，世界の多くの国々で創設され提供されている。例えば，欧州の「ヨーロピアナ」(Europeana)や米国の「米国デジタル公共図書館」(DPLA：Degital Public Library of America)がある。わが国も現在，「デジタルアーカイブジャパン推進委員会及び実務者検討委員会」（事務局：内閣府知的財産戦略推進事務局）の方針のもと，さまざまな

分野の機関の連携・協力により，2019年2月から，国立国会図書館が「ジャパンサーチ」試験版[16]を公開し運用しており，2020年8月に正式版が公開された。書籍，文化財，メディア芸術等のさまざまな分野のデジタルアーカイブと連携し，わが国が保有する多様なコンテンツのメタデータをまとめて検索できる分野横断統合ポータルである。集約するメタデータを，検索以外にも利活用しやすい形式で提供し，コンテンツの利活用を促進する基盤としての役割も果たす。2021年1月現在100データベースから約2,200万件のデータが検索・利用できる。

　類縁機関（博物館，文書館等）との連携については，p.118を参照。

第4節　セマンティック・ウェブ

　セマンティック・ウェブは，次世代のウェブとして考えられている技術のことである。インターネットでは，情報の相互運用性が非常に重要であるが，現在のウェブにおいて，XMLによるメタデータが活用され，データ形式レベルにおける相互運用性が実現した。しかしながら，さらにウェブ上の情報全体をデータベースとして，その高度な情報検索を行おうとすると，さらに情報の意味的統合（semantic integration）の技術によるメタデータの相互運用性の実現が必要となる。

　セマンティック・ウェブとは「メタデータの活用により，ウェブ情報の「意味」（semantics）をコンピュータが検知できるようにして，情報収集・利用の高度な自動化を図る技術。2001年にバーナーズ＝リーが提唱して注目を浴び，活発な技術開発が行われている。その要素技術は，(1) 標準化された構文枠組みによるメタデータ記述を行う「RDFモデルおよびシンタックス層」，(2) 使用される用語や概念の相互関係を伝達する「RDFスキーマ層」「オントロジー層」，(3) 自動処理のための推論や信頼性を扱うさらに上位の諸層という階層構造を形成している。W3C（World Wide Web Consortium）が各層の標準化を進めている」[17]。

RDF（Resource Description Framework）とは「W3C が開発した規格で，情報資源の標準的記述方式。…機械が解析できる構造と，資源・プロパティータイプ・値を結びつけたシンタックスをメタデータに提供する。また，相互運用性の高い XML を採用し，ダブリンコアを始めとするさまざまなメタデータを組み込んで記述することができる。…1999 年に W3C から正式に勧告された」[18]。

　RDF は，メタデータの一種の表現方法である。ダブリンコアはメタデータ要素であるが，ダブリンコアでもってメタデータを記述しようとすると，前述したように，「RDF モデル」を参考にした「DCMI 抽象モデル」（DCMI abstract model）が必要である。RDF は，主語にあたる「資源」（Resource），述語にあたる「プロパティー（Property）＝主語の特徴や属性」，目的語にあたる「値（Value）＝述語が表す特徴や属性」の 3 つの要素（三つ組）に分けて記述される。例えば，「あるホームページ（資源）は，誰によって（値），作成された（プロパティー）」という情報を表現する場合は，「あるホームページ（主語）の作成者（述語）は誰（目的語）である」と記述しなければならない。

　RDF 層がメタデータの層であるとすると，メタデータが活用されるようになっている現在のウェブは，これまでの XML 層から RDF 層に移行しつつあるといえよう。「RDF モデル」は，コンピュータが処理可能な形式で表現する構文が問題となるが，広く使用されているものが RDF/XML である。また，「RDF スキーマ」は，RDF によるメタデータ記述に用いられる語彙を定義し，メタデータの持つ意味を規定する仕組みである。

　また，オントロジーとは，「対象世界にかかわる諸概念を整理して体系づけ，コンピュータにも理解可能な形式で明示的に記述したもの。（中略）コンピュータ科学（主に人工知能・知識工学分野）においては上記の定義で研究開発が進められてきた。21 世紀に入りセマンティック・ウェブが提唱されると，意味レベル（用語・概念）の相互運用性にかかわる中核的な要素技術としてさらに注目されることとなった。2004 年，W3C によりオントロジー記述言語 OWL（Web Ontology Language）の仕様が勧告された」[19]。

　メタデータやデータベースのデータモデルの相互運用性を実現するため

には，オントロジーを統合する技術，すなわち情報の意味的統合（semantic integration）が必要となる。OWL のほかにも，図書館目録に使用される統制語彙（分類記号，件名標目，シソーラス等）を RDF により記述するシステムである

表 6.5　雑誌記事の RDF/XML 記述例（p.230 参照）

```
<?xml version="1.0" encoding="UTF-8"?>
<rdf:RDF
  xmlns:dc="http://purl.org/dc/elements/1.1/"
  xmlns:rdfs="http://www.w3.org./2000/01/rdf-schema#"
  xmlns:foaf="http://xmlns.com/foaf/0.1/"
  xmlns:dcndl="http://ndl.go.jp/dcndl/terms/"
  xmlns:rdf="http:www.w3.org/1999/02/22-rdf-syntax-ns#"
  xmlns:dcterms="http:purl.org./dc/terms/">
  <dcndl:BibResource rdf:about="　（当該雑誌記事を示す URI）　　　">
    <dcndl:materialType rdf:resource="http://ndl.go.jp/ndltype/Article" rdfs:label="記事・論文"/>
    <dcterms:title>『日本十進分類法』新訂 10 版をめぐって</dcterms:title>
    <dc:creator>藤倉，恵一</dc:creator>
    <dcterms:issued
      rdf:datatype="http://purl.org/dc/terms/W3CDTF">2010-12</dcterms:issued>
    <dc:subject>日本十進分類法</dc:subject>
    <dc:subject>NDC</dc:subject>
    <dc:subject>図書分類法</dc:subject>
    <dcterms:subject rdf:resource="http://id.ndl.go.jp/class/ndc9/014.45"/>
    <dcterms:isPartOf rdf:resource="　（上位タイトルの雑誌を示す URI）　"/>
    <dcndl:publicationName>現代の図書館</dcndl:publicationName>
    <dcterms:identifier
      rdf:datatype="http://ndl.go.jp/dcndl/terms/ISSN">00166332</dcterms:identifier>
    <dcterms:publischer>
        <foaf:Agent>
            <foaf:name>日本図書館協会</foaf:name>
            <dcndl:location>東京</dcndl:location>
        </foaf:Agent>
    </dcterms:publischer>
    <dcndl:publicationVolume>48</dcndl:publicationVolume>
    <dcndl:number>4</dcndl:number>
    <dcndl:pageRange>217-213</dcndl:pageRange>
  </dcndl:BibResource>
</rdf:RDF>
```

＊ DC-NDL サンプルに基づき作成，一部省略。

SKOS（Simple Knowledge Organization System）が提案され，世界の図書館で使用されている。

最近のウェブでは，文書やドキュメントだけでなくデータを共有する新しい方法として Linked Data が普及し，データの公開（LOD: Linked Open Data）が推進されている。RDF による記述および URI（Uniform Resource Identifier）による識別と参照を通してデータが自由にリンクされ，データの集約や加工が容易になった。図書館界でも書誌データや典拠データ（わが国では，国立国会図書館の「典拠データ検索・提供サービス」（p.31 参照））の積極的な公開が進められている。

現在のウェブがいつ全面的にセマンティック・ウェブに変わるのか，また現在の記述メタデータがどのような方向に進展するのかについては，技術予測の問題である。現時点では確実な判断は困難であるが，オントロジーは図書館目録における主題組織法や典拠コントロールと親和性が高く，これを前提にFRBR のシステム化や新たな目録法が構想されていることは事実である。セマンティック・ウェブとオントロジー技術が目録に及ぼす影響や，今後開発され

表6.6　情報組織化の変遷

組織化 の技術 ＼ 媒体	紙媒体等	ネットワーク情報資源	すべての媒体
書誌記述標準	ISBD（国際標準書誌記述）	ISBD（ER），ISBD（CR）	ISBD 統合版
目 録 規 則	目録規則（AACR2,NCR 等）	メタデータ，特に図書館ではダブリンコア（DCMES）の普及	国際目録原則（ICP），RDA,NCR（2018 年版）
機 能 要 件	FRBR（書誌レコードの機能要件）の検討	媒体の多様化を受けて，FRBR 導入の推進	FRBR, IFLA LRM
符号化(エンコーディング) 方式	ＭＡＲＣ，ＭＡＲＣ/XML	XML（米国議会図書館のMODS 等）→ RDF	RDF/XML
セマンティックウェブへの対応		メタデータ記述を行うための「RDF モデルおよびシンタックス層」および「用語・概念の相互関係である RDFスキーマ，オントロジー層」（バーナーズ・リーの予測）	意味レベルの相互運用を目指すオントロジー技術として，オントロジー記述言語（OWL, SKOS）

る世界はどのようなものになるのだろうか。

■注・引用文献──

(1) IFLA. *Functional Requirements for Bibliographic Records: Final Report.* Munchen, K.G. Saur, 1998, 121p.
IFLA（和中幹雄ほか訳）『書誌レコードの機能要件 IFLA書誌レコード機能要件研究グループ最終報告』日本図書館協会，2004, 121p.

(2) https://www.ndl.go.jp/jp/data/basic_policy/international/pdf/icp_2016-jp.pdf（accessed 2020.4.4）

(3) *RDA Toolkit.* https://www.rdatoolkit.org/（accessed 2020.4.4）

(4) 古川肇「RDA全体草案とその前後」『カレントアウェアネス』No.299, 2009, pp.17-19, 渡邉隆弘「新しい目録規則（RDA）から得られるもの：機械可読性の視点から」『図書館界』Vol.63, No.2, 2011, pp.114-121

(5) 日本図書館協会『日本目録規則2018年版』日本図書館協会，2018

(6) 『JSONの紹介』https://www.json.org/json-ja.html（accessed 2020.4.4）

(7) Riva, Pat., Le Bœuf, Patrick., Žumer, Maja.（和中幹雄，古川肇訳者代表）『IFLA図書館参照モデル：書誌情報の概念モデル』樹村房，2019

(8) 本書執筆時点（2020年5月）ではまだβ版だが，2020年12月15日に正式版になることがアナウンスされている https://beta.rdatoolkit.org/（accessed 2020.4.4）。

(9) https://www.oclc.org/en/connexion.html（accessed 2020.4.4）

(10) https://www.nii.ac.jp/irp/（accessed 2020.4.4）

(11) https://irdb.nii.ac.jp/（accessed 2020.4.4）

(12) https://schema.irdb.nii.ac.jp/（accessed 2020.4.4）

(13) https://www.nii.ac.jp/service/（accessed 2020.4.4）

(14) 国立国会図書館サーチ：https://iss.ndl.go.jp/（accessed 2020.4.）

(15) 例えば，科学技術振興機構（JST）の「科学技術総合リンクセンター（J-GLOBAL）」と連携し，科学技術文献検索の利便性を向上。

(16) https://jpsearch.go.jp/（accessed 2020.4.4）
https://www.kantei.go.jp/jp/singi/titeki2/digitalarchive_kyougikai/jitumu/dai4/siryou3_1.pdf（accessed 2020.4.4）

(17) 日本図書館情報学会用語辞典編集委員会編『図書館情報学用語辞典』第4版，丸善，2013, pp.131-132

(18) 同上書，pp. 5-6

(19) 同上書，p.26

第7章

知識情報資源へのアクセス

第1節　書誌コントロールの諸活動

　以下に，書誌コントロールの諸活動[1]について歴史的な流れ，国際的活動，日本の活動，とくに書誌コントロールの中心となる標準化の成果についてみることとする。

1　書誌コントロールの歴史

(1)　初期のシステマティック・ビブリオグラフィー

　活版印刷術の発明による大量出版物の普及に伴い，16世紀において図書館の蔵書目録とは別に，「図書館の蔵書であるとないとにかかわらず，図書，雑誌論文などの限定性はなく，特定主題・特定年代・特定地域などの範囲における書物の記録を包括的に集め，そのすべてを，場合によっては選別して，それらを体系的にまとめリストする」というシステマティック・ビブリオグラフィーが発展した。

　初期の全国書誌や出版・販売目録と並んで，スイスの博物学者ゲスナー（Gesner, K., 1516-1565）による世界書誌（Bibliotheca Universalis）の編纂がある。当時のヨーロッパにおける網羅的書誌として，1万2,000点におよぶ古典語の書物を収録している。

(2)　世界書誌と「ドキュメンテーション」

　1895年にベルギーのオトレとラ・フォンテーヌが設立した国際書誌協会（IIB:

Institut International de Bibliographie）は，世界の主要図書館の蔵書目録や販売書誌，各種専門書誌をカード化し，著者および分類順に排列した世界書誌目録（RBU: Repertoire Bibliographique Universel）を作成した。RBU は，第一次世界大戦の勃発と資金難から途絶えたが，国際十進分類法（UDC: Universal Decimal Classification）の開発，「ドキュメンテーション」なる書誌編纂，標準的なツール類の開発・整備に貢献した。

(3) 「書誌コントロール」概念の確立

1940 年代後半，米国議会図書館の印刷カードの頒布，総合目録，レファレンスサービス，図書館相互貸借等のための書誌サービス活動全般に対して「書誌コントロール」が初めて使用された。その後，米国の図書館社会学者イーガン（Egan, M. E., 1905-1959）とシェラ（Shera, J. H., 1903-1982）が「書誌コントロール序説」(1949) において書誌コントロールについて論じ，ヨーロッパのドキュメンテーションに対しその概念と用語が確立された。

2 世界書誌コントロール

(1) IFLA の活動

国際図書館連盟（IFLA: International Federation of Library Associations and Institutions）が 1961 年に主催した目録原則国際会議（ICCP: International Conference on Cataloguing Principles）において，標目部分に関する英米系とドイツ系の目録規則の統一を図るパリ原則が合意された。1969 年には国際目録専門家会議（IMCE: International Meeting of Cataloguing Experts）で記述部分に関しても標準化について合意がなされた。70 年代以降，国際標準書誌記述（ISBD: International Standard Bibliographic Description）を各資料群別に順次制定したが，2011 年には統合版を刊行した。また，1984 年には，各国の書誌情報を国際的に交換し世界的な書誌コントロールの実現を目指す計画である UBC（Universal Bibliographic Control）をコアプログラムの一つとして展開した。1987 年に国際 MARC プログラムと統合，世界書誌コントロール国際 MARC（UBCIM: Universal Bibliographic Control and International MARC）プログラムと改称してい

る。このプログラムは，2003 年に国際データ流通と通信 (UDT：Universal Data flow and elecommunications) コアプログラムととともに，IFLA-CDNL(Conference of Directors of National Libraries) (国立図書館長会議) 同盟 (ICABS: IFLA-CDNL Alliance for Bibliographic Standards) に移管され，2008 年に ICADS (IFLA-CDNL Alliance for Digital Strategies) となり範囲を視聴覚資料，電子情報資源へと拡大した。課題は電子情報資源の保存問題を含む書誌コントロールと書誌や典拠情報の電子的手段による国際的利用であった。しかし，現在は ICADS の活動を中止し，IFLA 全体の課題として戦略活動の一つである「標準委員会」や関連各分科会で取り組んでいる。

⑵　ユネスコ (UNESCO) の活動

情報システム，ドキュメンテーション，図書館・文書館振興に係る総合情報計画 (GIP: General Information Programme) では，以下の 2 つのプログラムが実施された。

① 科学技術情報に関する国際的書誌コントロール活動 (UNISIST：United Nations Information System in Science and Technology)

UNISIST の活動の一つに，逐次刊行物に関する国際的書誌コントロールがある。1972 年にユネスコとフランス政府の合意のもとに創設された ISDS (International Serials Data System) は世界各国の逐次刊行物の登録システムを開始した。現在は，各国の国内センターが国際標準逐次刊行物番号 (ISSN：International Standard Serial Number) を付与し，書誌情報をパリにある ISSN 国際センターに送付する。国際センターでは，それらを取りまとめ「ISSN ネットワーク」を構築し，運営している。

② 全国情報システム (NATIS：National Information System)

各国のドキュメンテーション，図書館・文書館活動の推進を図り，情報整備を促進した。

現在では，GIP はなく，書誌コントロールはコミュニケーションおよび情報分野における，「情報へのアクセス」「世界の記憶」等のテーマ別活動の一環として推進されている。

3　日本における書誌コントロール

(1)　国立国会図書館の書誌サービス

　法定納本制度による網羅的な国内出版物の収集，日本全国書誌の作成および提供，JAPAN/MARC の作成と提供，書誌レコードの一意的な識別番号の付与（全国書誌番号。JP 番号ともいう），典拠コントロールの実施と典拠ファイルの作成および提供，国内の標準的な書誌情報交換フォーマットの制定（JAPAN/MARC フォーマット），蔵書目録による所在情報の提供（NDL ONLINE　国立国会図書館オンライン），総合目録の作成および提供（国立国会図書館サーチによる全国総合目録，児童書総合目録，点字図書・録音図書全国総合目録，全国新聞総合目録データベースの提供），ISSN 日本センターとして ISSN の付与および ISSN データの作成，雑誌記事索引の作成および提供，メタデータ標準，電子情報の収集・蓄積・提供やポータルサイトの運営等が書誌コントロールの主要活動である。

(2)　他の書誌コントロール活動

① 国内出版物の迅速な報知（出版者，取次等による出版情報，民間 MARC の提供）

② 全国書誌の補完（国立近代美術館フィルムセンターの映画フィルム，各地域の図書館の地方出版物）

③ 集中/分担目録の作成・総合目録の作成・相互貸借（国立情報学研究所（NII）による NACSIS-CAT 等の総合目録の作成・提供による相互貸借，公共図書館を中心とする目録作成のソースとしての民間 MARC の利用）

④ NII による機関リポジトリ等の学術情報基盤整備およびシステム化

⑤ 標準化（日本図書館協会（JLA）による日本目録規則，日本十進分類法，基本件名標目表の維持管理，日本図書コード管理センターによる ISBN および ISMN の維持管理，科学技術振興機構（JST）による科学技術情報流通技術基準（SIST）の維持管理，日本産業規格（JIS: Japanese Industrial Standards）の審議）

⑥ 論文記事レベルの書誌コントロール（大宅壮一文庫による一般雑誌，JST による科学技術情報に関する雑誌記事索引の提供など）

⑦ 特定専門分野（科学技術情報の全国的流通システム，国文学研究資料館による古典籍の書誌コントロール）

4　標準化

　書誌コントロールのなかで中心となる活動の一つに，書誌情報の作成・流通管理における標準化がある。標準（Standard：標準規格，規格ともいう）とは，一般に，複数の間で交換や流通を容易にするために合意した基準のことである。書誌コントロール活動を円滑に進め，複数機関が協力して総合的な書誌コントロールを実現するには，合意のもとに標準を定める標準化が不可欠である。標準には，公的な標準化検討機関で調査審議され，標準として規定されたデジュール標準（de jure standard：公的標準）と，メジャーな信頼ある機関が永く行っているやり方が広く普及し，すでに多くの機関が取り入れているようなデファクト標準（de facto standard：事実上の標準）の 2 つがある。書誌コントロールの場合は，デジュール標準だけでなく，デファクト標準も含まれる。標準化には，IFLA や UNESCO，国際標準化機構（ISO: International Organization for Standardization）の技術分科会 TC46，ウェブに関する W3C（World Wide Web Consortium）などが主要な役割を果たしている。

　書誌コントロールに関わる国際標準として，現在広く世界的に採用されているものを表7.1 にまとめておこう。

第 2 節　知識情報資源へのアクセス

1　書誌コントロールの課題

　サーチエンジンに比べて OPAC があまり利用されない，これまでの目録はメディアの多様化やウェブ環境に対応できていない，目録作成にコストがかかりすぎるといった状況を背景にして，2005 年頃から米国の調査図書館を中心に目録の危機に関する報告が矢継ぎ早に発表された。それを機に，多くの関係機関では，目録政策の見直しを行い，新たな書誌コントロールについての課題を整理し今後の方針を立てている。例えば，米国議会図書館は，On the records という目録および目録作成についての報告書の提出を受け，RDA の試行等を経て，2011 年 10 月に「電子時代のための書誌フレームワーク」を

発表し，MARC21 からウェブ環境，Linked Data，RDF を重視した新たな書誌データ作成・提供に移行する「書誌フレームワークの変革イニシアチブ (Bibliographic Framework transition initiative)」を推進している。新しい書誌データモデルは BIBFRAME と呼ばれ 2016 年 4 月にバージョン 2.0 [2] が公開されている。LC を中心に世界各国で「MARC から BIBFRAME への転換」がなされている。

　また日本でも国立国会図書館は 2018 年に「国立国会図書館書誌データ作成・提供計画 2018-2020」を策定し，有形資料と電子情報の書誌データ管理の一元化とウェブ環境に適した書誌フレームワークへの対応を推進している。国立情報学研究所は，2018 年 10 月に「NACSIS-CAT/ILL の軽量化・合理化について (最終まとめ)」を公表し，目録作成のコストを見直すとともに，外部のデータベースとの相互運用性を高め，新たな目録所在情報システム (CAT2020) の運用を開始した。

　科学技術をめぐる情報環境が大きく変化するなかで，「科学技術基本政策策定の基本方針」(2010 年 7 月 16 日総合科学技術会議報告) において，「課題解決型の科学技術・イノベーション活動を進めるために国レベルの包括的な学術情報に関する研究情報基盤である「知識インフラ」を構築する」必要性が議論された。これを受けて，国立国会図書館の科学技術情報整備審議会では，「科学技術研究活動の実践を根本で支え，科学，技術，学術，文化活動によって生み出される多様なデータ，情報，文献，知識を開放し，それらへの迅速で適切なアクセスを可能にすることで，それらを有効な知識として活用して次の研究，開発，教育，その他の社会的・文化的実践へとつなげる動的サイクルを形成することを目的」とする「知識インフラ」の構築に向けて，国立国会図書館がその固有の役割を果たしていくべきであるとの提言がなされた。

　それに対し同館は，「第 3 期科学技術情報整備基本計画」(2011.3.18) において，近い将来に取り組むべき課題として「知識インフラ」構築の推進を掲げ，さらに「第 4 期国立国会図書館科学技術情報整備基本計画」(2016.3.30) [3] において，恒久的保存と利活用促進を柱とする同館の具体的な役割を明確にし，関係機関

との連携・協力のもとでその深化を図ることとした。

　今後，このような「知識インフラ」を構築するためには，ナショナル・データベース構築（各種デジタルアーカイブを統合するための「ジャパンサーチ」が公開されている）や，基盤整備のための各界の協力体制に関するグランドデザインが必要である。またインターネットのなかで書誌データや情報資源がどのように検索・発見されるのかについて，さらに研究を進める必要がある。電子情報資源の保存・蓄積や円滑な流通のために，著作権の管理等に関する一定の制度化についても検討しなくてはならない。図書館の書誌コントロールはこれまでの概念をはるかに超え，全体の情報資源をどう生産し，保存し，流通し，活用するかという社会的システムに関する構想として，そのあり方が問われているのである。

2　類縁機関（博物館，文書館等）との連携

　各界の協力については，領域を越えた書誌コントロールの必要性が高まり，その機運も生じている。とくに文書館（Archives），博物館・美術館（Museum）等との連携が強く求められ，「MLA 連携」と言われるようになって久しい。

　情報通信技術の発達に伴い，文書館や博物館の扱う資料・情報と図書館の資料・情報との間に垣根がなくなってきている。文書類，博物資料，美術作品も，Web 上で文化的な情報資源として区別なくみられるよう，図書館資料との統一的または横断的なアクセスが求められている。

　デジタル情報資源においては，マルチメディア（テキスト，音，映像）の双方向的な情報が多く，MLA が扱う資料・情報もその点において共通している。MLA 連携により，利用者は関連する幅広い情報に一つのポータルサイトを通じて横断的アクセスが可能となる。そのためには，共通するメタデータ等の標準化を進める必要がある。ダブリンコアでは，すでに，アプリケーションプロファイルなど各コミュニティ間の相互運用性が追求されている。ここでは，図書館以外の文書館，博物館における資料組織の標準化[4]について触れる。

表 7.1　書誌コントロールに関わる国際標準一覧

種別	名　称	概　要	制定機関	制定年
目録法	IFLA 図書館参照モデル（IFLA LRM）	書誌データを対象とする FRBR, 典拠データを対象とする FRAD, 主題典拠データを対象とする FRSAD の 3 つの概念モデルを統合した書誌情報の概念モデル	国際図書館連盟（IFLA）	2017
	書誌レコードの機能要件（FRBR）	実体関連分析の手法により利用者の目録利用の実体を分析し, 書誌情報の概念モデルを作成し, 利用者の行動モデルを支援するための必要要件を考察	国際図書館連盟（IFLA）	1997
	国際目録原則（ICP）	パリ原則の見直しによる, 各国の目録規則制定に向けた基本原則	国際図書館連盟（IFLA）	2009
	資源の記述とアクセス（RDA）	ICP による原則と目的を掲げ, FRBR 等を盛り込んだ新たな情報環境のための目録規則	RDA開発のための合同運営委員会（JSC）	2010
記述目録法	パリ原則	標目に関する国際標準	目録原則国際会議（ICCP）	1961
	ISBD	書誌記述に関する国際標準	国際目録専門家会議（IMCE, IFLA）	1971 〜
	GARR（Guidelines for authority records and references）	名称典拠レコードのガイドライン	国際図書館連盟（IFLA）	2001
	典拠データのための機能要件（FRAD）	FRBR の第 2 グループに係る名称典拠データの要件モデル	国際図書館連盟（IFLA）	2009
MARC フォーマット	情報交換用フォーマット ISO2709（書誌情報の交換フォーマットのレコード構造に関する標準規格）	MARC レコードの外形式を定めた標準規格	国際標準化機構（ISO）	1996
	UNIMARC	MARC フォーマットの国際標準	国際図書館連盟（IFLA）	1988
主題目録法	シソーラス及び他の語彙集との相互運用（ISO25964）	シソーラスの構成と作成法（ISO 2788）に代わる新たなガイドライン。第 1 部　情報検索用シソーラス　第 2 部　他の語彙集との相互運用	国際標準化機構（ISO）	2011（第 1 部）, 2013（第 2 部）
	BSO（Broad System of Orderling）	分析合成理論に基づく現代の知識体系の分類表で, 異なる索引言語の変換言語を目指す	ユネスコ及び国際ドキュメンテーション連盟（FID）	1978

種別	名　称	概　要	制定機関	制定年
メタデータ	主題典拠データの機能要件（FRSAD）	FRBR の第 3 グループに係る主題典拠データの要件モデル	国際図書館連盟（IFLA）	2010
	ダブリンコア・メタデータ・エレメント・セット（DCMES）（ISO15836）	最も普及しているメタデータの記述要素で DCMI（Dublin Core Metadata Initiative）が制定，維持管理，普及活動を行っている	国際標準化機構（ISO）	2003
	RDF	W3C が開発した規格で，情報資源の標準的記述方式。オントロジー記述言語としては，OWL（Web Ontology Language），SKOS（Simple Knowledge Organization System）がある	W3C（World Wide Web Consortium）	1999
情報検索	Z39.50（ISO23950）	横断検索に用いる通信プロトコル	国際標準化機構（ISO）	1988
	SRU/SRW（Search/Retrieve via URL/Search/Retrieve Web Service）	ウェブ上の情報検索に用いられる通信プロトコル	ZING（Z39.50 International: Next Generation）	2004
	OAI-PMH（バージョン2.0）	オンライン情報資源の収集用プロトコル	Open Archives Initiative	2002
標準番号（識別子）	国際標準図書番号（ISBN）（ISO2108）	図書の一意的な標準番号	国際標準化機構（ISO）	1972
	国際標準逐次刊行物番号（ISSN）（ISO3297）	逐次刊行物の一意的な標準番号	国際標準化機構（ISO）	1975
	国際標準楽譜番号（ISMN）（ISO10957）	印刷楽譜の一意的な標準番号	国際標準化機構（ISO）	1993
	国際標準レコーディングコード（ISRC）（ISO3901）	音声記録内容の標準番号	国際標準化機構（ISO）	1986
	国際標準視聴覚資料番号（ISAN）（ISO15706）	映像コンテンツを識別する番号	国際標準化機構（ISO）	2002
	国際標準著作物コード（ISWC）（ISO15707）	著作権管理機関が提案した音楽著作物（楽曲）のための番号	国際標準化機構（ISO）	2001
	デジタルオブジェクト識別子（DOI）	電子ジャーナル等における各論文に付与する一意的な識別子	国際 DOI 財団	1997
	国際標準名称識別子（ISNI）（ISO 27729）	創作者等の名称に関する一般的な番号。ORCIDは学術研究者のためにISNIが確保した区画である	国際標準化機構（ISO）	2012

種別	名　称	概　要	制定機関	制定年
学術情報流通	科学技術情報流通技術基準（SIST：Standards for Information of Science and Technology）	科学技術情報の円滑な流通のための基準	科学技術振興機構（JST）	1980〜2011

(1) 文書館

文書館の扱う文書（Archives）は「記録史料」と呼ばれ，行政文書のような公文書（ぶんしょ）と歴史的な史料である文書（もんじょ）がある。

これらの記録史料を組織化するための国際標準としては，国際文書館評議会（ICA）により「国際標準記録史料記述一般原則」（ISAD（G）），「団体・個人・家のための国際標準記録史料典拠レコード」（ISAAR（CPF）），および米国アーキビスト協会（SAA）により「符号化記録史料記述」（EAD）が制定されている。

ISBD は一般（G）のほかにさまざまな資料群に対する標準が制定されているが，記録史料の場合は（G）のみである。また，記録史料の場合は，出版物等とは異なり作成主体が重視され，その主体による作成史料のまとまりを基本単位として，そのもとに各史料が記述される構造となっている。したがって，CPF の典拠レコードの内容は精細で，典拠コントロールも重要となる。

EAD は，書誌レコードをコンピュータシステム間で正確に解釈・伝達するために，符号化し，構造的に表現する手法である「エンコーディング方式」の標準であり，XML が用いられる。

(2) 博物館

博物資料にはさまざまなものがあり，基本的にオブジェ（物体）が多く，また博物館という組織も一様ではない。したがって，標準ではなく，各館が記述項目の設定を行う参考となる記述の指針を提示している。

国際博物館会議（ICOM）の国際ドキュメンテーション協議会（CIDOC）により，「博物館資料情報のための国際指針」（IGMOI）が提示され，また，検索のために FRBR のような「概念参照モデル」（CRM）も作成されている。

このように，標準化の体制や記述とアクセスポイントの標準化は似て非なる
ものがあるものの，相互運用性の高いメタデータを共通に用いるか，または共
通のメタデータに変換することによりレコードの共有が可能となる。図書館側
の書誌情報が，FRBR や IFLA LRM の概念モデルや RDA のようなデータ構
造をもち，RDF のような標準的な形式により記述され，LOD を推進する書誌
データモデルである BIBFRAME に基づきウェブ上に提供されることになれ
ば，他のコミュニティーとの個々のデータのリンク化が図られ，相互運用性が
より高まることが期待される。文化情報資源全体の書誌コントロールの一環と
しても，MLA 連携の推進が求められている。

■注・引用文献──

(1) 日本図書館協会図書館ハンドブック編集委員会編『図書館ハンドブック』第 6 版補訂
  2 版，日本図書館協会，2016，pp.285-292

(2) https://www.loc.gov/bibframe/（accessed 2020.4.4）

(3) https://dl.ndl.go.jp/view/download/digidepo_9972947_po_basic_plan04.
  pdf?contentNo=1&alternativeNo=（accessed 2020.4.4）

(4) 田窪直規編『資料組織概説 3 訂』樹村房，2007，pp.183-187
  研谷紀夫「第 6 章　美術館・博物館と文化資源・震災資料に関するメタデータ」日本図
  書館情報学会研究委員会編『メタデータとウェブサービス』勉誠出版，2016，pp.93-107

第２部　情報資源組織演習

第8章
記述目録作業

第1部で述べたように，従来の目録は記述目録法に従って書誌記述を行うとともに書名標目や著者名標目を決定し，主題組織法に従って分類標目や件名標目を決定してきた。

新しい目録法ではこれら全体を再編して3つのグループに分けて記録するようになったが，『日本目録規則（NCR）2018年版』（以下 NCR2018）では主題との関連については保留であるし，RDA においても主題を表す第3グループの典拠形アクセス・ポイントは既存の分類記号や件名標目を用いることとしているので，主題組織法については大きな変更はない。

ここでは NCR2018 に則って，資料と個人・家族・団体のデータを記述することを学んでみよう。そして主題については次章以降で，日本で最も普及している『日本十進分類法（NDC）新訂10版』および『基本件名標目表（BSH）第4版』を用いて，主題を表すアクセス・ポイントを作成することとする。なお，演習は和書に限定し，洋書の目録作成は行わない。

第1節　日本目録規則（NCR）2018年版の概要

1　構　成

NCR2018 の構成は，序説，第1部総則，第2部属性，第3部関連，付録，索引となっている（図 6.3 参照）。

第1部の総則では全体に共通する規則について述べられている。第2部属性では，体現形，個別資料，著作，表現形，個人・家族・団体，概念，物，出来事，場所というFRBR の各実体ごとの属性を記録する方法を規定した後，それぞれのアクセス・ポイントの構築の方法を扱っている。第3部関連では実体と実体との関連の記録について規定している。はじめは資料に関する関連，次いでその他の関連である。

冊子体として刊行されているが，同じ内容（ただしページのレイアウトは異なる）の

PDF 版も日本図書館協会のサイトで無料で公開されている [1]。各ファイルの目次から本文へのリンクは張られているが，RDA-Toolkit のようにデータベースとして検索したり，関連する他の項目にリンクが張られているということはない。

2 書誌階層構造と記述のタイプ

体現形は，シリーズとその中の各巻，逐次刊行物とその中の各記事のように，それぞれが固有のタイトルを有する複数のレベル（上位書誌レベル，基礎書誌レベル，下位書誌レベル）として階層的にとらえることができる。そのような書誌階層構造において記述対象とするのが望ましい基礎書誌レベルは，単巻資料はそれ自体，複数巻単行資料については，各部分が固有のタイトルを持つ場合はそれぞれの部分を，そうでない場合は全体とする。逐次刊行物や更新資料においては，その全体を基礎書誌レベルとする。

体現形の記述のタイプとして，体現形の全体を記述対象とする包括的記述，より大きな単位の体現形の一部を記述対象とする分析的記述，包括的記述と分析的記述の両方を用いる階層的記述がある。単巻資料，複数巻単行資料，逐次刊行物の全体を記述対象とするのは包括的記述であり，1 冊の図書の一部や，複数巻単行資料の 1 冊，逐次刊行物の 1 号やその中の 1 記事を対象とするのが分析的記述である。

3 エレメント

FRBR のそれぞれの実体について属性と関連を記録し，書誌データや典拠データを作成する。その中の個々の情報をエレメントといい，このうち可能であれば必ず記録すべき情報をコア・エレメントという（表 8.3 参照）。エレメントを種類で分けたものをエレメント・サブタイプという。例えば，体現形のタイトルはエレメントであり，そのうちの本タイトルやタイトル関連情報，並列タイトルなどがエレメント・サブタイプである。また，エレメントの中の構成部分となる下位のエレメントをサブエレメントという。例えば，出版表示がエレメントで，その部分である出版地，出版者，出版日付はサブエレメントである。

4 資料の種別

資料の種別として，表現形において「表現種別」（テキスト，テキスト（触知）等），体現形においてその種類を表す「機器種別」（機器不用，映写，オーディオ，コンピュータ，マイクロ等）とさまざまなキャリアの種類を表す「キャリア種別」（冊子，マイクロフィルムカートリッジ等），刊行方式による区分（単巻資料，複数巻単行資料，逐次刊行物，更新資料）が設定されている。

5　記述の方法

　NCR2018 では，データの内容のみを扱い，データの表示順やデータ間の区切り記号は定めていない。データを表示するシステムで決める必要があるが，本書の演習では NCR2018 の目次の順に，エレメントとデータの対応表を作成することとする[2]。

第2節　属性の記録

　属性の記録の目的は以下のとおりである。

a) 統制形アクセス・ポイントを構成する要素として，または非統制形アクセス・ポイントとして，実体の発見に寄与する。

b) 特定の実体を識別する（すなわち，記述された実体と求める実体との一致を確認する，または類似した複数の実体を判別する）。

c) 利用者のニーズに適合する資料を選択する（すなわち，内容，キャリア等に照らして利用者の要求を満たす資料を選択する，または利用者のニーズに適合しない資料を除外する）。

d) 記述された個別資料を入手する（すなわち，個別資料を取得する，または個別資料へのアクセスを確保する）。

1　体現形

　図書資料の体現形の属性として記録する主なエレメントは下記のとおりである。

　タイトル，責任表示，版表示，出版表示，著作権日付，シリーズ表示，刊行方式（単巻資料，複数巻単行資料），機器種別，キャリア種別，数量，大きさ，体現形の識別子，入手条件，体現形に関する注記。

　タイトルと責任表示は別のエレメントである。タイトルのエレメント・サブタイプとして本タイトル，並列タイトル，タイトル関連情報，並列タイトル関連情報などがある。ルビは本タイトルには含めず，異形タイトルとして記録する。

　（例）　青い思想　（情報源の表示：青い思想（こころ））

　　　　　異形タイトルとして「青い思想（こころ）」

　責任表示は，情報源に表示されている，個人・家族・団体の名称と，その役割を示す語句を記録する。任意省略として，個人の肩書や所属団体，法人組織等を示す語などを省略したり，同一の役割の責任表示が 4 以上ある場合に最初に表示されたもののみを記録し他を省略したりすることができる。

　版表示は漢数字で表記されているものもそのまま記録する。

（例）　第二版　（情報源の表示：第二版）

　出版表示のサブエレメントとして出版地，出版者，出版日付などがある。出版地は市町村名等を記録するが，上位の地名が表示されている場合はこれを付記する。但し，東京都特別区は「東京」と記録する。

（例）　横浜市　（情報源の表示：横浜市中区）

（例）　武蔵野市（東京都）　（情報源の表示：東京都武蔵野市）

（例）　東京　（情報源の表示：東京都文京区）

　出版者について，識別するのに必要でない組織階層や法人組織を示す語を省略するのは任意省略である。

（例）　株式会社学文社　（情報源の表示：㈱学文社）

　出版日付は西暦に換算してアラビア数字で記録する。形式はデータ作成機関で決める。NCR2018 ではピリオドで区切って例示している。

（例）　2015.9.1　（情報源の表示：平成 27 年 9 月 1 日）

　著作権日付は冒頭の「Ⓒ」「Ⓟ」もそのまま記録する。

（例）　Ⓒ1955　（情報源の表示：Ⓒ1955）

　機器種別はその資料を利用するために必要な機器の種類を記録する。通常の図書は機器を使用しないので「機器不用」と記録する。

　キャリア種別は資料の媒体およびその形状を記録する。おもな機器種別とキャリア種別の対応は表 8.1 を参照。

表 8.1　機器種別とキャリア種別の用語

機器種別	キャリア種別
オーディオ	オーディオカセット オーディオ・ディスク
コンピュータ	コンピュータ・ディスク オンライン資料
ビデオ	ビデオカセット ビデオディスク
マイクロ	マイクロフィッシュ マイクロフィルム・リール
機器不用	冊子 シート 巻物

　体現形の識別子はその体現形と結びつけられた記号や番号で，ISBN, ISSN, 出版者による番号などがある。

図書の例

標題紙 奥付

エレメント	データ
タイトル	
本タイトル	ナミヤ雑貨店の奇蹟
責任表示	
本タイトルに関係する責任表示	東野圭吾［著］
出版表示	
出版地	東京
出版者	株式会社 KADOKAWA
出版日付	2014.11.25
シリーズ表示	
シリーズの本タイトル	角川文庫
シリーズ内番号	18868,［ひ 16-9］
機器種別	機器不用
キャリア種別	冊子
数量	413 p
大きさ	15 cm
体現形の識別子	ISBN978-4-04-101451-6
入手条件	680 円（税別）

図 8.1　体現形のデータ（属性）

同じ資料を ISBD に準拠して記述すると図 8.2 のようになる。NCR2018 らしさはないが，これも NCR2018 に基づいた書誌データである。

```
機器種別：機器不用 キャリア種別：冊子
ナ ミ ヤ 雑 貨 店 の 奇 蹟 ␣ ／ ␣ 東 野 圭 吾 ［ 著 ］. ␣ ― ␣ 東 京 ␣ ： ␣ 株 式 会 社
KADOKAWA, ␣ 2014.11.25. ␣ ― ␣ 413 p ␣ ： ␣ 15 cm. ␣ ― ␣（角川文庫 ␣ ； ␣ 18868,
［ひ 16-9］）. ␣ ― ␣ ISBN978-4-04-101451-6 ␣ ： ␣ 680 円（税別）
```

図 8.2 ISBD による体現形のデータ

2 個別資料

個別資料の属性としては，個別資料の識別子や個別資料に関する注記を記録する。

個別資料の識別子	国会図書館資料貼付 ID：1201401674829
個別資料のキャリアに関する注記	著者署名入り

図 8.3 個別資料のデータ（属性）

3 著作

著作の属性として，著作のタイトル，著作の形式（「戯曲」「詩」など），著作の日付などを記録する。著作の日付は著作が成立した日付であるが，それが特定できない場合は体現形について知られる最も早い日付を記録する。

著作の優先タイトル	ナミヤ雑貨店の奇蹟 ‖ ナミヤ ザッカテン ノ キセキ
著作の形式	小説
著作の日付	2012
著作の識別子	VIAF ID：309467647

図 8.4 著作のデータ（属性）

4 表現形

表現形の属性としては，表現種別（「テキスト」「テキスト（触知）」「楽譜」「地図」「静止画」「話声」「演奏」など），表現形の日付，表現形の言語，図，付加的内容（索引，参考文献，付録など），色彩，その他の特性（版など）などを記録する。

表現種別	テキスト
表現形の日付	2012
表現形の言語	日本語

図 8.5　表現形のデータ（属性）

5　個人・家族・団体

　個人・家族・団体の属性としては，優先名称，日付，場所，活動分野などを記録する。優先名称は個人などを識別するための名称で，一般によく知られている名称を選択する。

　名称を変更した場合は最新の名称を優先名称とする。しかし個人が複数の名称を使い分けている場合は，それぞれの名称を優先名称とする。「姓，名」とし，漢字形と仮名形を組み合わせるが，その記号は決められていない。NCR2018 では仮に「湯川，秀樹 ‖ ユカワ，ヒデキ」のように「‖」を使用している。

　団体名の前にある，法人組織の種類，被記念者等を示す語句は省略するが，それが末尾にある場合は省略しない。

　　（例）　日本博物館協会 ‖ ニホン ハクブツカン キョウカイ

　　　　　（情報源の表示：公益財団法人日本博物館協会）

　　（例）　柏書房株式会社 ‖ カシワ ショボウ カブシキ ガイシャ

　　　　　（情報源の表示：柏書房株式会社）

個人の優先名称	東野，圭吾 ‖ ヒガシノ，ケイゴ
個人と結びつく日付（生年）	1958
個人の識別子	VIAF ID: 13255092

図 8.6　個人のデータ（属性）

団体の優先名称	KADOKAWA
団体の識別子	VIAF ID: 144492689

図 8.7　団体のデータ（属性）

6　概念，物，出来事，場所

　資料の主題としての，概念，物，出来事，場所の情報を記録する。2020 年 7 月現在では場所のみ公開されており，場所の名称などを記録する。

7　アクセス・ポイント

　アクセス・ポイントは，書誌データや典拠データを検索するために使用される。統制

形アクセス・ポイントとして典拠形アクセス・ポイントと異形アクセス・ポイントがあり，それ以外に非統制形アクセス・ポイントがある。典拠形アクセス・ポイントは実体と実体との関連を記録する際に，その実体を指し示すためにも使用される。そのため，典拠形アクセス・ポイントは他の実体を表すものと明確に区別されなければならないので，必要なだけ情報を付加して構築する。

(1) **著作**

著作の典拠形アクセス・ポイントは，単独形（優先タイトル単独）と結合形（優先タイトルと創作者に対する典拠形アクセス・ポイントを結合した形）とがある。結合形の場合の結合順序は規定していない。複数の創作者がある場合は，情報源における表示の順に記録する。映画などの動画作品については単独形とする。

これらの典拠形アクセス・ポイントが他の実体のアクセス・ポイントと同一または類似している場合は，形式，日付，成立場所，責任刊行者，その他の特性の中から一つ以上の要素を付加して必ず他と区別できるようにする。

> 東野，圭吾‖ヒガシノ，ケイゴ，1958-.ナミヤ雑貨店の奇蹟‖ナミヤ ザッカテン ノ キセキ

図 8.8　著作の典拠形アクセス・ポイント

(2) **表現形**

著作の典拠形アクセス・ポイントに，表現種別，表現形の日付，表現形の言語，表現形のその他の特性のいずれか一つ以上を付加する。

> 東野，圭吾‖ヒガシノ，ケイゴ，1958-.ナミヤ雑貨店の奇蹟‖ナミヤ ザッカテン ノ キセキ. 2012.日本語

図 8.9　表現形の典拠形アクセス・ポイント

(3) **体現形（保留），個別資料（保留）**

体現形および個別資料のアクセス・ポイントの規則は保留である。

(4) **個人・家族・団体**

個人等を表す優先名称を用いて，必要に応じて生没年や活動分野など識別要素を付加する。

> 東野，圭吾‖ヒガシノ，ケイゴ，1958-

図 8.10　個人の典拠形アクセス・ポイント

第3節 関連の記録

各実体と他の実体との関連を記録する。その目的は以下のとおりである。

 a) 次に該当する目録中のすべての資料を発見する。

  ① 特定の著作・表現形・体現形に属する資料

  ② 特定の個人・家族・団体と関連を有する資料

  ③ 特定の主題に関する資料

 b) 関連する実体を示すことにより，資料の識別・選択に寄与する。

 c) 関連する実体を示すことにより，個人・家族・団体，主題の識別に寄与する。

 d) 関連する実体を示すことにより，目録内外における各種実体に誘導する。

記録する際は，関連先の識別子や典拠形アクセス・ポイントを記録する。また，資料に関する基本的関連については複合記述も可能であり，資料に関するその他の関連については構造記述や非構造記述も可能である。

1 資料に関する基本的関連

記述対象資料を表す各実体間の関連を記録するもので，その資料の著作―表現形―体現形―個別資料について，隣接する実体がどれかを示す。

以下の種類がある。

①著作から表現形への関連　②表現形から著作への関連　③表現形から体現形への関連　④体現形から表現形への関連　⑤体現形から個別資料への関連　⑥個別資料から体現形への関連

表現形との関連を省略して，著作と体現形を直接結び付けることも可能である。その場合は①～④の代わりに，⑦著作から体現形への関連　⑧体現形から著作への関連　を記録する。

記録する場合は，関連する実体の識別子や典拠形アクセス・ポイントを記録するか，複合記述を用いて記述する。なお，本演習では表現形から著作のような上位方向への関連のみを記録し，逆の関連については記録しない。

(1) 表現形から著作への関連

その表現形が表現している著作を記録する。図 8.11 では典拠形アクセス・ポイントで示した。

表現形から著作への関連	東野，圭吾‖ヒガシノ，ケイゴ，1958-. ナミヤ雑貨店の奇蹟‖ナミヤ ザッカテン ノ キセキ

図 8.11　表現形のデータ（著作への関連）

⑵　体現形から表現形への関連

その体現形が体現している表現形を記録する。図 8.12 では典拠形アクセス・ポイントで示した。

体現形から表現形への関連	東野，圭吾‖ヒガシノ，ケイゴ，1958-. ナミヤ雑貨店の奇蹟‖ナミヤ ザッカテン ノ キセキ．2012. 日本語

図 8.12　体現形のデータ（表現形への関連）

⑶　個別資料から体現形への関連

その個別資料が例示している体現形を記録する。体現形の典拠形アクセス・ポイントは規定が保留なので，図 8.13 では識別子で示した。

個別資料から体現形への関連	ISBN978-4-04-101451-6

図 8.13　個別資料のデータ（体現形への関連）

2　資料に関するその他の関連

　記述対象資料と，関連のあるその他の資料の実体とを関連付ける。著作間，表現形間，体現形間，個別資料間の関連を記録する。記録する場合は，関連する実体の識別子や典拠形アクセス・ポイントを記録するか，構造記述もしくは非構造記述の形で記述する。必要に応じて関連指示子を付加する。

⑴　著作間の関連

著作間の関連には，派生，参照，全体・部分，付属・付加，連続がある。

著作間の関連（映画化（著作））	ナミヤ雑貨店の奇蹟（映画：2017）

図 8.14　著作のデータ（その他の関連）

⑵　表現形間の関連

　表現形間の関連には，派生，参照，全体・部分，付属・付加，連続がある。いずれも著作間の関連と同じであるが，関連している実体が著作なのか表現形なのかで判断する。例示に使用している文庫版には，これにふりがなを振った角川つばさ文庫版が 2017 年に刊行されているので，これを記録することにする（情報源は［演習問題 1 図書問題 2］参照）。

関連指示子は NCR2018 には適切なものがないので，ここでは「ふりがな付加」とした。

表現形間の関連（ふりがな付加）	東野，圭吾‖ヒガシノ，ケイゴ，1958-. ナミヤ雑貨店の奇蹟‖ナミヤ ザッカテン ノ キセキ. 日本語. 2017

図 8.15　表現形のデータ（その他の関連）

(3)　体現形間の関連

体現形間の関連には，等価，参照，全体・部分，付属・付加がある。体現形の典拠形アクセス・ポイントは規定が保留なので，図では ISBD による構造記述で示した。

体現形間の関連：上位（体現形）	角川文庫. ― 東京：株式会社角川書店，1949-

図 8.16　体現形のデータ（その他の関連）

(4)　個別資料間の関連

個別資料間の関連には，等価，参照，全体・部分，付属・付加がある。いずれも体現形間の関連と同じであるが，関連している実体が体現形なのか個別資料なのかで判断する。例えば，出版物の復刻版は体現形の関連であるし，特定の個別資料をコピーした資料は個別資料間の関連である。

3　資料と個人・家族・団体との関連

記述対象資料と，関連のある個人・家族・団体とを関連付ける。著作と著者，体現形と出版者などを関連づける。記録する場合は，関連先の識別子または典拠形アクセス・ポイントと，必要に応じて関連指示子を用いる。

著作と関連を有する個人（著者）	東野，圭吾‖ヒガシノ，ケイゴ，1958-

図 8.17　著作のデータ（個人との関連）

体現形と関連を有する団体（出版者）	KADOKAWA

図 8.18　体現形のデータ（団体との関連）

4　資料と主題との関連（保留）

記述対象資料と，主題とを関連付ける。主題を持つのは資料の 4 つの実体のうち著作だけなので，著作と，概念，物，出来事，場所との関連を記録する。規則はまだ保留である。

5 個人・家族・団体の間の関連

ある個人，家族，団体と，他の個人，家族，団体とを関連付ける。

6 主題間の関連（保留）

ある主題と他の主題とを関連付ける。規則は保留である。

以上のデータをまとめると図 8.19 のようになる。

エレメント	データ
属性	
タイトル	
本タイトル	ナミヤ雑貨店の奇蹟
責任表示	
本タイトルに関係する責任表示	東野圭吾［著］
出版表示	
出版地	東京
出版者	株式会社 KADOKAWA
出版日付	2014.11.25
シリーズ表示	
シリーズの本タイトル	角川文庫
シリーズ内番号	18868，［ひ 16-9］
機器種別	機器不用
キャリア種別	冊子
数量	413 p
大きさ	15 cm
体現形の識別子	ISBN978-4-04-101451-6
入手条件	680 円（税別）
関連	
体現形から表現形への関連	東野，圭吾，1958-‖ヒガシノ，ケイゴ，1958-. ナミヤ雑貨店の奇蹟‖ナミヤ ザッカテン ノ キセキ. 2012. 日本語
体現形間の関連（上位）	角川文庫. ― 東京：株式会社角川書店，1949-
体現形と関連を有する団体（出版者）	KADOKAWA

図 8.19　体現形のデータ（属性と関連をまとめた図）

第 4 節　各種資料の記述

1 逐次刊行物

雑誌や新聞などの逐次刊行物に特徴的な体現形の属性としては，後続タイトル，キ

（英文タイトル）

Vol. 45, No. 1 (Whole No. 137)　　March, 1999

Journal of Japan Society of Library and Information Science

（表紙）

ISSN1344-8668

Vol. 45, No. 1　　　　　　　March, 1999

日本図書館情報学会誌

通巻 **137** 号　　日本図書館情報学会編集・発行

（25.7cm 年 4 回刊）

（継続前）

図書館学会年報

Vol. 44, No.4　通巻 136 号
1999 年 2 月 28 日発行

年間購読料　Vol. 44 (1998)　10,000 円
　　　　　　（本誌 4 冊）（文献目録を除く）

編集・発行
　日本図書館情報学会（会長　長澤雅男）
　〒112-8606　東京都文京区白山5-28-20
　東洋大学社会学部図書館学研究室内

発売
　㈱紀伊國屋書店
　〒160-0022　東京都新宿区新宿 3-17-7

印刷
　㈱東京プレス
　〒174-0075　東京都板橋区桜川 2-27-12

（奥付）

日本図書館情報学会誌

Vol. 45, No.1　通巻 137 号
1999年3月30日発行

本誌は『図書館学会年報』の誌名を変更し、
巻次を継承しています。Vol. 44, No.4　通
巻136 号（1999年2月発行）までは、『図書
館学会年報』（Annals of Japan Society of
Library Science）で、Vol. 45, No.1　通
巻137 号（1999年3月発行）以後は『日本図
書館情報学会誌』（Journal of Japan
Society of Library and Information
Science）です。

年間購読料　Vol. 45 (1999)　10,000円
　　　　　　（本誌4冊）

編集・発行
　日本図書館情報学会（会長　長澤雅男）
　〒112-8606　東京都文京区白山5-28-20
　東洋大学社会学部図書館学研究室内

発売
　㈱紀伊國屋書店
　〒160-0022　東京都新宿区新宿3-17-7

印刷
　㈱東京プレス
　〒174-0075　東京都板橋区桜川H2-27-12

雑誌の例

ー・タイトル，逐次刊行物の順序表示（初号の巻次，初号の年月次，終号の巻次，終号
の年月次），刊行頻度などがある。なお，本タイトルや責任表示に重要な変化があった
場合は，その体現形に対する新たな記録を作成し，変化前後の記録は相互に関連する著
作として扱う。

属性	
タイトル	
本タイトル	日本図書館情報学会誌
並列タイトル	Journal of Japan Society of Library and Information Science
責任表示	
本タイトルに関係する責任表示	日本図書館情報学会編集
逐次刊行物の順序表示	
初号の巻次	vol. 45, no. 1

初号の年月次	March, 1999
初号の別形式の巻次	通巻 137 号
出版表示	
出版地	東京
出版者	日本図書館情報学会
出版日付	1999.3.30-
頒布表示	
頒布地	東京
頒布者	(株) 紀伊國屋書店
刊行方式	逐次刊行物
刊行頻度	季刊
機器種別	機器不用
キャリア種別	冊子
数量	冊
大きさ	26 cm
体現形の識別子	ISSN1344-8668
入手条件	10000 円 （年間購読料）
関連	
体現形と関連を有する団体（出版者）	日本図書館情報学会 ‖ ニホン　トショカン　ジョウホウ　ガッカイ

図 8.20　逐次刊行物（雑誌）の体現形のデータ（属性と関連）

属性	
著作の優先タイトル	日本図書館情報学会誌 ‖ ニホン　トショカン　ジョウホウ　ガッカイシ
著作の日付	1999
著作の識別子	
典拠形アクセス・ポイント	日本図書館情報学会誌 ‖ ニホン　トショカン　ジョウホウ　ガッカイシ
関連	
著作間の関連（継続前（著作））	図書館学会年報 ‖ トショカン　ガッカイ　ネンポウ

図 8.21　逐次刊行物（雑誌）の著作のデータ（属性と関連）

2　地図資料

　地図資料に特有のエレメントとしては，著作における地図の座標，表現形における尺度や地図の投影法などがある。

属性	
タイトル	
本タイトル	市川市
出版表示	
出版地	東京
出版者	昭文社
出版日付	2019
シリーズ表示	
シリーズの本タイトル	都市地図
サブシリーズの本タイトル	千葉県
サブシリーズ内番号	3
機器種別	機器不用
キャリア種別	シート
数量	地図 1 枚
大きさ	94 × 64 cm（折りたたみ 22 × 10 cm）
体現形の識別子	ISBN978-4-398-96233-1
関連	
体現形と関連を有する団体（出版者）	昭文社 ‖ ショウブンシャ

図 8.22　地図資料の体現形のデータ（属性と関連）

表現種別	地図
表現形の日付	2019
表現形の言語	日本語
色彩	多色
尺度	
水平尺度	1:15,000

図 8.23　地図資料の表現形のデータ（属性）

3　録音資料

　録音資料に特徴的な体現形のエレメントとしては，録音の特性などがあり，録音の方式（アナログ，デジタル），録音の手段（光学，磁気，光磁気），再生速度，音溝の特性などを記録する。著作のエレメントとしては音楽作品の番号，調など，表現形のエレメントとしては，収録の日付・場所，音楽の演奏手段，所要時間などがある。

属性	
タイトル	
本タイトル	富岳百景

責任表示	
本タイトルに関係する責任表示	太宰治［原作］　仲代達矢朗読
出版表示	
出版地	［東京］
出版者	NHK サービスセンター
出版日付	［2005］
シリーズ表示	
シリーズの本タイトル	太宰治作品集
シリーズ内番号	3
機器種別	オーディオ
キャリア種別	オーディオ・ディスク
数量	オーディオ・ディスク 1 枚
大きさ	12 cm
録音の特性	
録音の方式	デジタル
録音の手段	光学
関連	
体現形間の関連	
上位（体現形）	太宰治作品集. ─［東京］: NHK サービスセンター
体現形と関連を有する団体（出版者）	NHK サービスセンター ‖ NHK　サービスセンター

図 8.24　録音資料の体現形のデータ（属性と関連）

属性	
表現種別	話声
表現形の日付	2005
表現形の言語	日本語
所要時間	57 分
関連	
表現形と関連を有する個人（ナレーター）	仲代，達矢 ‖ ナカダイ，タツヤ，1932-

図 8.25　録音資料の表現形のデータ（属性と関連）

属性	
著作の優先タイトル	富岳百景 ‖ フガク ヒャッケイ
著作の識別子	国立国会図書館典拠 ID：001202578
関連	
著作と関連を有する個人（著者）	太宰，治 ‖ ダザイ，オサム，1909-1948

図 8.26　録音資料の著作のデータ（属性と関連）

4 動画資料

　動画資料に特徴的な体現形のエレメントとしては，録音の特性，録音の方式，録音の手段，再生チャンネル，テレビ放送の標準方式の詳細（解像度，リージョン・コード等）などがある。表現形のエレメントとしては，収録の日付・場所，画面アスペクト比，所要時間等がある。

属性	
タイトル	
本タイトル	ナミヤ雑貨店の奇蹟
責任表示	
本タイトルに関係する責任表示	廣木隆一監督
出版表示	
発売地	［東京］
発売者	KADOKAWA
発売日付	［2018］
頒布表示	
販売地	［東京］
販売者	ハピネット
販売日付	［2018］
著作権日付	ⓒ 2017
機器種別	ビデオ
キャリア種別	ビデオディスク
数量	ビデオディスク 1 枚
大きさ	12 cm
録音の特性	
再生チャンネル	サラウンド
ビデオの特性	
テレビ放送の標準方式	NTSC
デジタルファイルの特性	
リージョン・コード	リージョン 2
体現形の識別子	80DRJ-30399
入手条件	レンタル専用
関連	ナミヤ雑貨店の奇蹟 ‖ ナミヤ ザッカテン ノ キセ
体現形から表現形への関連	キ. 二次元動画. 2017. 日本語
体現形と関連を有する団体（出版者）	KADOKAWA

図 8.27　動画資料の体現形のデータ（属性と関連）

属性	
表現種別	二次元動画
表現形の日付	2017
表現形の言語	日本語
表現形の識別子	
色彩	多色
音声	音声あり
画面アスペクト比	ワイドスクリーン（1.78:1）
所要時間	129 分
典拠形アクセス・ポイント	ナミヤ雑貨店の奇蹟‖ナミヤ ザッカテン ノ キセキ. 二次元動画. 2017. 日本語

図 8.28　動画資料の表現形のデータ（属性）

属性	
著作の優先タイトル	ナミヤ雑貨店の奇蹟‖ナミヤ ザッカテン ノ キセキ
著作の形式	映画
関連	
著作と関連を有する個人（映画監督）	廣木, 隆一‖ヒロキ, リュウイチ, 1954-
著作と関連を有する著作（映画化の原作（著作））	東野, 圭吾‖ヒガシノ, ケイゴ, 1958-. ナミヤ雑貨店の奇蹟‖ナミヤ ザッカテン ノ キセキ

図 8.29　動画資料の著作のデータ（属性と関連）

5　電子資料

　電子資料には，DVD-ROM のように手に取れる有形資料と，ウェブサイトにアップロードされているもののような無形の資料とがある。

　電子資料の内容は，テキストデータ，アプリケーション，地図資料，映像資料などさまざまであり，その資料について必要な情報を記録する。

属性	
タイトル	
本タイトル	日本十進分類法新訂 10 版機械可読ファイル
異形タイトル	NDC・MRDF10
責任表示	
本タイトルに関係する責任表示	日本図書館協会分類委員会編集
出版表示	
出版地	東京

出版者	公益社団法人日本図書館協会
出版日付	2020.3.31
著作権日付	©2020
機器種別	コンピュータ
キャリア種別	コンピュータ・ディスク
数量	コンピュータ・ディスク 1 枚
大きさ	12 cm
デジタル・ファイルの特性	
ファイル種別	データ・ファイル
デジタル・コンテンツ・フォーマット	TEXT
ファイル・サイズ	4MB
体現形の識別子	ISBN978-4-8204-1919-8
入手条件	30000 円（税別）
関連	
体現形から表現形への関連	日本図書館協会‖ニホン　トショカン　キョウカイ．日本十進分類法‖ニホン　ジッシン　ブンルイホウ．新訂 10 版
体現形と関連を有する団体（出版者）	日本図書館協会‖ニホン　トショカン　キョウカイ

図 8.30　電子資料の体現形のデータ（属性と関連）

第 5 節　典拠コントロール

　国立国会図書館では 2011 年 7 月から，Web 上における典拠レコードの利活用に向けて，名称典拠と後述する国立国会図書館件名標目表による典拠レコードを統合し，「国立国会図書館典拠データ検索・提供サービス（Web NDL Authorities）」を提供している[3]。

　Web NDL Authorities における「宮沢賢治」の典拠レコードをみると，「宮沢賢治」という著者名典拠は，『宮沢賢治童話集』の目録を作成した時に，『文化人名録』を参考にして初めて作成されたことがわかる。

　このシステムにより，外部から典拠データを検索したり活用したりできるとともに，世界的にも日本の標準的な典拠データとして取り扱われる技術基盤が整備された。また，データを VIAF にも登録しているので，世界中の典拠データや書誌データと関連づけることが可能となっている。

　NCR2018 においては，体現形と著作を関連づけるために，これまでの典拠データの

作成に加えすべての著作の典拠データの作成が必須となる。また書誌記述において目録作成機関の自由裁量の余地が拡大することが想定され，正確な検索や同定識別のために，今後さらに典拠コントロールが不可欠で重要なものとなろう。

```
<rdf:Description>
<xl:literalForm> 宮沢，賢治，1896-1933</xl:literalForm>
<ndl:transcription xml:lang="ja-Kana"> ミヤザワ，ケンジ，1896-1933
</ndl:transcription>
<ndl:transcription xml:lang="ja-Latn">Miyazawa, Kenji, 1896-1933
</ndl:transcription>
</rdf:Description>
</xl:prefLabel>
<rdfs:label> 宮沢，賢治，1896-1933</rdfs:label>
<dct:source> 文化人名録 </dct:source>
<dct:source> 宮沢賢治童話集 </dct:source>
<skos:exactMatch
rdf:resource="http://viaf.org/viaf/sourceID/NDL%7C00045685#skos:Concept"/>
<skos:inScheme rdf:resource="http://id.ndl.go.jp/auth#personalNames"/>
<xl:altLabel>
<rdf:Description>
<xl:literalForm>Kenji Miyazawa</xl:literalForm>
</rdf:Description>
```

図 8.31　Web NDL Authorities のデータ例（一部）

【問題1】留意点：単行書

東野圭吾（ひがしの　けいご）
1958年、大阪府生まれ。85年、『放課後』で第31回江戸川乱歩賞を受賞しデビュー。99年『秘密』で第52回日本推理作家協会賞、2006年『容疑者Xの献身』で第134回直木賞を受賞。その他の著書に『殺人の門』『探偵倶楽部』『さまよう刃』『夜明けの街で』『麒麟の翼』『真夏の方程式』『マスカレード・ホテル』など多数。

ナミヤ雑貨店の奇蹟
平成二十四年三月三十日　初版発行

著　者　東野圭吾
発行者　井上伸一郎
発行所　株式会社角川書店
　〒一〇二−八〇七七　東京都千代田区富士見二−一三−一一
　電話　〇三−三二三八−八五五一
発売元　株式会社角川グループパブリッシング
　〒一〇二−八一七七　東京都千代田区富士見二−一三−三
　電話　〇三−三二三八−八五二一
　http://www.kadokawa.co.jp/
印刷所　大日本印刷株式会社
製本所　大日本印刷株式会社

©Keigo Higashino 2012　Printed in Japan
ISBN978-4-04-110134-0　C0093

(385p　18.8cm)

【問題2】留意点：表現形

角川つばさ文庫　Bひ1-1
ナミヤ雑貨店の奇蹟
作　東野圭吾
絵　よん

2017年9月15日　初版発行
2018年1月25日　4版発行

発行者　郡司聡
発　行　株式会社KADOKAWA
　〒102-8177　東京都千代田区富士見 2-13-3
　電話　0570-002-301(ナビダイヤル)
印　刷　大日本印刷株式会社
製　本　大日本印刷株式会社
装　丁　ムシカゴグラフィクス

©Keigo Higashino 2012, 2014, 2017
©Yon 2017　Printed in Japan
ISBN978-4-04-631744-5　C8293　　N.D.C.913　399p　18cm

本書の無断複製（コピー、スキャン、デジタル化等）並びに無断複製物の譲渡及び配信は、著作権法上での例外を除き禁じられています。また、本書を代行業者などの第三者に依頼して複製する行為は、たとえ個人や家庭内の利用であっても一切認められておりません。
定価はカバーに表示してあります。

KADOKAWA　カスタマーサポート
　【電話】0570-002-301（土日祝日を除く11時〜17時）
　【WEB】http://www.kadokawa.co.jp/（「お問い合わせ」へお進みください）
※製造不良品につきましては上記窓口にて承ります。
※記述・収録内容を超えるご質問にはお答えできない場合があります。
※サポートは日本国内に限らせていただきます。

読者のみなさまからのお便りをお待ちしています。下のあて先まで送ってね。
いただいたお便りは、編集部から著者へおわたしいたします。
　〒102-8078　東京都千代田区富士見 1-8-19　角川つばさ文庫編集部

(398p　17.3cm　奥付裏「本書は『ナミヤ雑貨店の奇蹟』（角川文庫二〇一四年十一月刊）をもとに，漢字にふりがなをふり，読みやすくしたものです。」)

【問題3】 留意点：タイトルのルビ，責任表示における役割

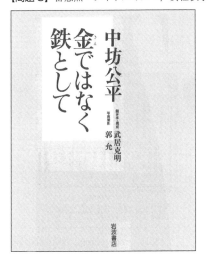

（vii, 227p　18.7cm）

【問題4】 留意点：タイトルのルビ

（294p　15.2cm）

【問題5】 留意点：大きさ

ホトトギス新歳時記 改訂版

一六六（昭和三〇）年 二月三日 初版発行
一六六（昭和六三）年 二月 一日 改訂版発行
一六六（平成 八）年 二月 一日 改訂一刷発行

編　者　稲　畑　汀　子

発行者　株式会社　三　省　堂
　　　　代表者　加　藤　精　英

発行所　株式会社　三　省　堂
　〒一〇一 東京都千代田区三崎町二丁目二十二番十四号
　　　　　　　　　　電話編集〇三二三〇三〇五八一
　　　　　　　　　　　　営業〇三二三〇三〇五六二
　振替口座 〇〇一六〇-五-五四三〇〇

不体裁製本（落丁本・乱丁本はお取り替えいたします。）

（改訂 ホトトギス新歳時記）

© T.Inahata 1996 Printed in Japan
ISBN4-385-30633-8

国本書の全部または一部を無断で複写複製（コピー）することは、著作権法上での例外を除き、禁じられています。本書からの複写を希望される場合は、日本複写権センター（03-3401-2382）にご連絡ください。

（981p　（縦）10.7cm，（横）16.3cm）

【問題6】 留意点：複数の著者

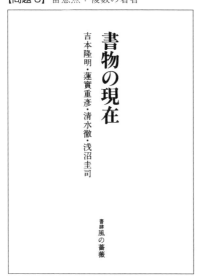

書物の現在奥付

吉本隆明 装幀者菊地信義 ● 発行者鈴木宏 発行所株式会社書肆風の薔薇
東京都文京区小石川二-二一-一四 いち楽ビル2F 郵便番号一一二 電話
〇三-三八一-六〇四〇 FAX〇三-三八一-二四三七 郵便振替東京
五一-一三七六四 ● 用紙岡田紙店印刷ディグ ＋ 方英社製本関口製本 ● 定
価一二〇〇円 ● 発売所白馬書房 ● 日本図書コード ISBN4-89176-224-1
初版第一刷--一九八九年二月一〇日発行
初版第二刷--一九八九年二月二〇日印刷
　　　　　　　　一九八九年二月二〇日印刷
　　　　　　　　一九八九年二月二八日発行
乱丁・落丁本はお取りかえ致します。

著者浅沼圭司 清水徹 蓮實重彦
吉本隆明

（181p　18.8cm）

【問題 7】 留意点：全 3 冊

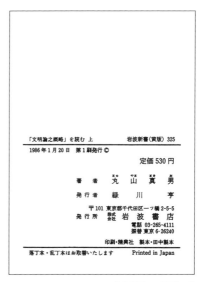

（xi, 272p　17.3cm）

（iii, 296p　17.3cm）

（iii, 335p　17.3cm）

【問題8】留意点：書誌階層

参考：上下2冊
『ケインズの予言
幻想のグローバル資本主義（下）』
PHP研究所，1999.7
（222p　18cm）

（237p　18cm）

【問題9】留意点：部編，付録

参考：全2冊
『スケッチしながら東京散歩
都心を歩く編』
視覚デザイン研究所，1992.8
（124p　21cm）

スケッチしながら東京散歩—電車で行く編

発　行　平成4年（1992）12月　1日　第1版
　　　　平成8年（1996）5月10日
著　者　視覚デザイン研究所・編集室
発行所　株式会社視覚デザイン研究所
　　　　〒101 東京都千代田区神田神保町1-36吉野ビル5F
　　　　T E L 03-5280-1067（代）　F A X 03-5280-1069
　　　　振替／00120-0-39478
協　力　株式会社アニック　光村印刷株式会社
製　本　株式会社難波製本

ISBN4-88108-100-4 C2370

（124p　21cm）

【問題 10】 留意点：書誌階層，複数の著者

現代教養文庫
1037

江戸の戯^{バロディー}作絵本

（一）初期黄表紙集

小 池 正 胤
宇 田 敏 彦 編
中 山 右 尚
棚 橋 正 博

社 会 思 想 社

〈お願い〉
☆現代教養文庫の定価は，すべてカバーに明記してあります。
☆万一，落丁乱丁の場合は，直接小社にお送りくだされば早速
お取替します。

© M. Koike, T, Uda, Y, Nakayama, M. Tanahashi 1980
Printed in Japan

現代教養文庫 1037 江戸の戯作絵本（一）
1980 年 12 月 30 日 初版第 1 刷発行

編 者　小 池 正 胤
　　　　宇 田 敏 彦
　　　　中 山 右 尚
　　　　棚 橋 正 博

発 行 者　小 森 田 一 記

発行社 株式会社 社 会 思 想 社
(113) 東京都文京区本郷 1 の25の21
電話代表（03）813−8 1 0 1
振 替 東 京 6−7 1 8 1 2

0193−11037−3033　　横山印刷・小林製本

（298p　14.8cm）

【問題 11】 留意点：書誌階層，団体名

世界の大都市 3
メキシコ・シティ

大阪市立大学経済研究所 編

山崎春成 著

東京大学出版会

世界の大都市③　メキシコ・シティ

1987 年 2 月 10 日　初 版

[検印廃止]

編 集　大阪市立大学経済研究所 ©

発行所　財団法人　東京大学出版会

代 表 者　田 中 英 夫
113 東京都文京区本郷 7-3-1 東大構内
電話 (811) 8814・振替 東京 6-59964

印刷所　研究社印刷株式会社
製本所　牧製本印刷株式会社

ISBN 4-13-051043-6

（vii, 312p　21.6cm）

【問題 12】留意点：全 2 冊，訳者，ISBN

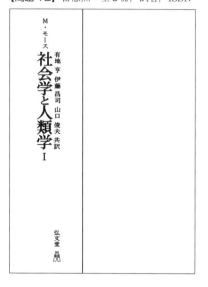

参考：全 2 冊
『社会学と人類学 II』
弘文堂，1976
有地亨，山口俊夫共訳
ISBN 4-335-56011-9
（160p　22cm）

社会学と人類学 I

昭和48年 4 月10日　初版 1 刷発行
昭和63年 6 月20日　同　7 刷発行

　　　　　　　　　　　　　　有　地　　　亨
　ⓒ　訳　者　　　　　　　伊　藤　昌　司
　　　　　　　　　　　　　　山　口　俊　夫
　　　　発 行 者　　　　　鯉　淵　年　祐

　　　　　　　　101 東京都千代田区神田歓河台 1 の 7-13
株式　弘文堂　　　　TEL（294）4 8 0 1
会社　　　　　　　　振替 東 京 2-5 3 9 0 9

ISBN4-335-56010-9　　　　　　　　　　凌北出版印刷・牧 製本

（405p　22cm）

【問題 13】留意点：書誌階層，版

民法 I　第 2 版　補訂版　総則・物権総論

　　1994 年 9 月 20 日　初　版第 1 刷
　　1999 年 3 月 10 日　第 2 版第 1 刷
　　2000 年 2 月 25 日　第 2 版補訂版第 1 刷
　　2000 年 3 月 15 日　第 2 版補訂版第 2 刷

　　　　　　［検印廃止］

著　者　内　田　　貴
発行所　財団法人　東京大学出版会
代 表 者　河野通方
113-8654 東京都文京区本郷 7-3-1
電話 03-3811-8814・振替 00160-6-59964
印刷所　株式会社理想社
製本所　牧製本印刷株式会社

ⓒ2000 Takashi Uchida
ISBN 4-13-032307-5　Printed in Japan

Ⓡ〈日本複写権センター委託出版物〉
本書の全部または一部を無断で複写複製（コピー）することは，
著作権法上での例外を除き，禁じられています。本書からの複
写を希望される場合は，日本複写権センター（03-3401-2382）に
ご連絡ください。

（xxii, 494p　21.6cm）

【問題14】 留意点：タイトル，西洋人名

東大駒場連続講義　知の遠近法（Perspectiva）

二〇〇七年四月一〇日第一刷発行

編者　ヘルマン・ゴチェフスキ

©Hermann GOTTSCHEWSKI 2007

発行者　野間佐和子
発行所　株式会社講談社
　東京都文京区音羽二丁目一二—二一　郵便番号　一一二—八〇〇一
　電話　編集　〇三—三九四五—四六二一
　　　　販売　〇三—五三九五—五八一七
　　　　業務　〇三—五三九五—三六一五
装幀者　山岸義明　本文データ作成
印刷所　講談社プリプレス制作部
製本所　大口製本印刷株式会社

ISBN978-4-06-258385-5　Printed in Japan
N.D.C.901.9 228p　19cm

（228p　18.8cm）

【問題15】 留意点：責任表示における役割

牧野立雄⑨INTERVIEWS

宮沢賢治と現在をめぐる九つの対話

風のシグナル

発　行●昭和一九八七年一〇月二五日第一刷
編著者●牧野立雄
装幀者●田村晴樹
発行者●吉田正美
発行所●キリン書房
　〒020　盛岡市本町通2—14—22
　電話　0196（64）7741
　振替　盛岡六—一六二一八
印刷所●株式会社　熊谷印刷
定　価●一七〇〇円

（310p　18.8cm）

【問題 16】 留意点：タイトル

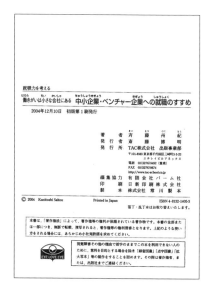

（271p　21cm）

【問題 17】 留意点：タイトル，西洋人名

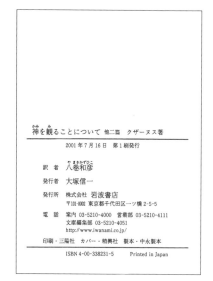

（312, 4p　14.8cm）

オックスフォード

実例現代英語用法辞典
Practical English Usage

マイケル・スワン 著

金子 稔／廣瀬和清／山田泰司 訳

発 売 発 行
桐原書店／オックスフォード

オックスフォード
実例現代英語用法辞典

1985 年 7 月 10 日 第 1 版発行
1986 年 6 月 1 日 第 2 刷発行
　　著　者　M. スワン
　　訳　者　金子　稔，廣瀬 和清，山田 泰司
　　発　行　オックスフォード大学出版局 株式会社
　　　　　　〒112 東京都文京区大塚 3-3-3
　　印　刷　暁美術印刷 株式会社
　　製　本　株式会社 鈴木製本所
　　発　売　株式会社 桐原書店
　　　　　　〒166 東京都杉並区高円寺南 2-44-5
　　　　　　電話(03)314−8181　振替 6−55244

© Oxford University Press (Tokyo) 1985
（落丁・乱丁本はお取り替え致します。）

(xvi, 654p　21cm)

【問題19】留意点：東洋人名，原書名

平凡社ライブラリー　740

和解のために
教科書・慰安婦・靖国・独島

発行日‥‥‥‥‥2011年7月8日　初版第1刷

著者‥‥‥‥‥‥朴裕河
訳者‥‥‥‥‥‥佐藤久
発行者‥‥‥‥‥関口秀紀
発行所‥‥‥‥‥株式会社平凡社
　　　　　　　〒112-0001　東京都文京区白山2-29-4
　　　　　　　　電話　東京(03)3818-0742[編集]
　　　　　　　　　　　東京(03)3818-0874[営業]
　　　　　　　　振替　00180-0-29639

印刷・製本‥‥‥株式会社東京印書館
ＤＴＰ‥‥‥‥‥平凡社制作
装幀‥‥‥‥‥‥中垣信夫

　　　　　　　ISBN978-4-582-76740-7
　　　　　　　NDC分類番号319.102
　　　　　　　B6変型判（16.0cm）　総ページ342

平凡社ホームページ http://www.heibonsha.co.jp/
落丁・乱丁本のお取り替えは小社読者サービス係まで
直接お送りください。（送料，小社負担）。

（339p　16cm　年表：p326-339）

【問題20】 留意点：東洋人名

日中対照
基本経営
用語辞典

董　光哲【著】

学　文　社

日中対照　基本経営用語辞典

2010年4月10日　第一版第一刷発行

著　者　董　　光　哲
発行者　田中千津子

発行所　株式
　　　　会社　学　文　社
〒153-0064 東京都目黒区下目黒 3-6-1
電話03(3715)1501代・振替00130-9-98842

（落丁・乱丁の場合は本社でお取替します）・検印省略
（定価は売上カード，カバーに表示してあります）
印刷／新灯印刷
ISBN 978-4-7620-2054-4

（228p　18.8cm）

【問題21】 留意点：発行地，団体名

民主主義の源流を探る
西欧の議会
読売新聞調査研究本部編

読売新聞社

西欧の議会　民主々義の源流を探る

編者―読売新聞調査研究本部
編集人―篠原義近
発行人―杉林　昇
発行所―読売新聞社
　〒100-55 東京都千代田区大手町一-七-一
　電話東京（○三）（二四二）一一一○
印刷所―読売新聞社
　〒802 北九州市小倉北区紺屋町一二-二一
製本所―中央精版印刷株式会社
　〒465 名古屋市千種区猪高町一二七-六
発行日―一九八九年（平成元年）七月十四日　第一刷

定価―四一○○円
ISBN4-643-89038-X C0031
©1989．Yomiuri Shinbun-sha
乱丁・落丁本は取り換えいたします

（459p　21.7cm）

【問題22】 留意点：団体名，複数の著者

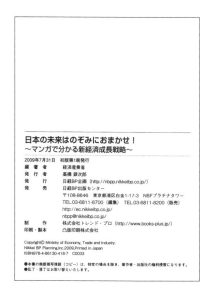

（184p　25.6cm）

【問題23】 留意点：団体名，記念出版，内容細目

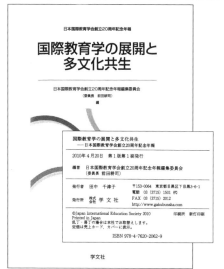

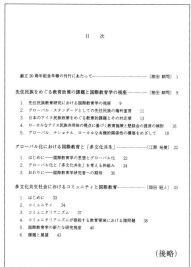

（204p　21cm）

2 各種資料

次の各種資料について，表8.2のワークシートを用い，目録データを作成しなさい。

【問題1】 留意点：動画資料，書誌階層

地図使用承認©昭文社第11E058号

（地図２図：色刷；79 × 109cm 折りたたみ 21 × 10cm）

【問題 3】 留意点：電子資料

『科学技術英和／和英大辞典』 富井篤編 PDF 版 ［東京］オーム社発行 ©2007 CD-ROM2
枚 12 cm ケースの大きさ：19 cm システム要件：Windows2000 以上，MacOS9 以上，
Adobe Reader5 以上 ISBN978-4-274-20406-7 120000 円

【問題 1】

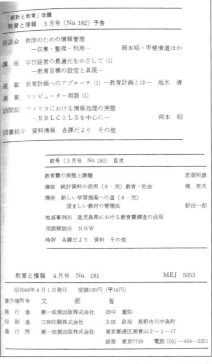

「統計と教育」改題
教育と情報　5 月号（No.182）予告

座談会　教師のための情報管理
　　　　―収集・整理・利用―　　　　　　岡本昭・甲斐清道ほか

講　座　学校経営の最適化をめざして (1)
　　　　―教育目標の設定と具現―

連　載　教育計画へのアプローチ (1) ―教育計画とは―　池木　清

連　載　コンピューター用語 (1)

訪問記　アメリカにおける情報処理の実態
　　　　―ERLCとLSを中心に―　　　　　岡本　昭

図書紹介　資料情報　各課だより　その他

前号（3 月号　No.180）目次

教育費の実態と課題　　　　　　　　　　　　　若葉照彦
講座　統計資料の活用（8・完）教育・社会　　梶　哲夫
講座　新しい学習指導への道（8・完）
　　　望ましい教材の管理法　　　　　　　　野田一郎
地域事例(8)　鹿児島県における教育費調査の活用
用語解説(8)　NNW
時評　各課だより　資料　その他

教育と情報　4 月号　No. 181　　　　　　　MEJ　5053

昭和48 年 4 月 1 日発行　　定価100円（〒16円）
著作権所有　文　　　部　　　省
発 行 者　第一法規出版株式会社　　田中　重弥
印 刷 者　三和印刷株式会社　　　　太田　政治　長野市川中島町
発 行 所　第一法規出版株式会社　　東京都港区南青山 2－1－17
　　　　　　　　　　　　　　　　　　振替　東京7739　電話 (03)－404－2251

（20.2cm　刊行中）

【問題2】

SOCIOECONOMIC RESEARCH CENTER
CENTRAL RESEARCH INSTITUTE OF ELECTRIC POWER INDUSTRY

ISSN 1882-3785

社会経済研究
— エネルギー・電力の未来を考える学術誌 —

No.55 2007.11
財団法人 電力中央研究所 社会経済研究所

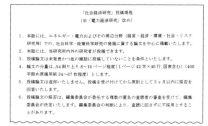

「社会経済研究」投稿規程
(旧「電力経済研究」改め)

1. 本誌には、エネルギー・電力およびその周辺分野（経営・経済・環境・社会・リスク研究等）での、社会科学・政策科学研究の発展に資する論文を中心に掲載いたします。
2. 本誌には、当研究所内外の研究者が投稿できます。
3. 投稿論文は未発表かつ他の雑誌に投稿していないことを条件といたします。
4. 論文の分量は、A4刷り上り8〜16ページ程度（1ページ42字×40行,図表含む）（400字詰めの原稿用紙34〜67枚程度）とします。
5. 投稿論文は返却いたしません。投稿を受け付けてから原則として3ヶ月以内に採否を回答いたします。
6. 投稿論文の採否は、編集委員会が委任する複数の匿名の査読者の審査を受けて、編集委員会が決定いたします。編集委員会の判断により、査読に回さずに不採用とすることがあります。

社会経済研究 No. 55

2007年11月 印刷発行

発行所 財団法人 電力中央研究所
　　　　　　　　　社会経済研究所

〒201-8511 東京都狛江市岩戸北2-11-1
　　　　　　　　電話 東京 (03)3480-2111
印刷：株式会社 ユウワビジネス

（30cm，年刊）

【問題3】

LNH QUARTERLY

栄養と健康の
ライフサイエンス
特集 水をとりまく人間環境

WINTER

栄養と健康のライフサイエンス
Vol.1 No.1

1996年1月15日発行

定価 1500円

売り切れになる場合がありますので前金予約ご購読をお勧めいたします。

■本誌ご購読について
● ご購読ご希望の方は最寄りの書店に注文、出版社名（「栄養と健康のライフサイエンス」学文社）を付けて「書棚扱い」としてお申し込みください。年間購読として書店へ申し込まれた場合は、刊行の都度書店経由でお渡しいたします。
● 直接購読をご希望の方は、はがきに送付先住所・氏名・電話番号を明記の上、小社にお申し込みください。年間購読でお願いいたします（4冊分・6000円・送料サービス）。

編 集 人　　代表　吉 田　　勉
発 行 所　　　株式会社 学 文 社
発 行 人　　　田 中 千 津 子

郵便番号 153 東京都目黒区中目黒1-2-6
電話 03(3715)1501　FAX 03(3715)2012
振替口座 00130-9-98842
印 刷 所　　　シナノ株式会社

法律で認められた場合を除き、本誌からのコピーを禁じます。
★落丁・乱丁本の場合は弊社でお取り替え申し上げます。
ISBN4-7620-0609-2

（25.7cm，年4回，Vol.5 2001年をもって休刊）

■注・引用文献——

(1) https://www.jla.or.jp/committees/mokuroku/ncr2018/tabid/787/Default. aspx（accessed 2020.4.4）

(2) 対応表の作成にあたって，田窪直規『情報資源組織論』3訂　樹村房，2020，pp.203-216「NCR2018によるデータ作成事例」を参考にした。

(3)『国立国会図書館典拠データ検索・提供サービス』https://id.ndl.go.jp/auth/ndla （accessed 2020.4.4）

表 8.2 ワークシート

おもな項目のみ挙げてあるので，資料の必要に応じて項目を追加もしくは削除して入力すること。

体現形のデータ

エレメント	データ
属性	
タイトル	
本タイトル	
責任表示	
本タイトルに関係する責任表示	
版次	
逐次刊行物の順序表示	
初号の巻次	
初号の年月次	
出版表示	
出版地	
出版者	
出版日付	
シリーズ表示	
シリーズの本タイトル	
シリーズ内番号	
機器種別	
キャリア種別	
数量	
大きさ	
体現形の識別子	
関連	
体現形から表現形への関連	
関連する体現形（上位）	
体現形と関連を有する団体（出版者）	

著作のデータ

エレメント	データ
属性	
著作の優先タイトル	
著作の識別子	
典拠形アクセス・ポイント	
関連	
著作と関連を有する個人・家族・団体（著者）	

表現形のデータ

エレメント	データ
属性 表現種別 表現形の日付 表現形の言語 表現形のその他の特性 表現形の識別子 典拠形アクセス・ポイント **関連** 表現形から著作への関連 表現形と関連を有する個人・家族・団体	

個人のデータ

エレメント	データ
属性 優先名称 個人と結びつく日付（生年） 個人と結びつく日付（没年） 個人の識別子 典拠形アクセス・ポイント	

表8.3 「コア・エレメント」

体現形の属性

コア・エレメント	摘　　要	記　録　例
タイトル 本タイトル（#2.1.1）タイトルのエレメント・サブタイプには本タイトル，並列タイトル，タイトル関連情報，並列タイトル関連情報，先行タイトル（更新資料の本タイトルが変化した場合の変化前のイテレーションにおける本タイトル），後続タイトル（複数巻単行資料の本タイトルが変化した場合，または逐次刊行物の本タイトルに軽微な変化があった場合の変化後の本タイトル），キー・タイトル，略タイトル，異形タイトルがある。そのうち，本タイトルがコア・エレメントである。	情報源に表示されている主なタイトルを本タイトルとして扱う。複数巻単行資料，逐次刊行物または更新資料の場合は，記述対象全体を通じて共通する 固有の名称を本タイトルとして扱う。本タイトルにおける #2.1.1.2.1 別タイトル，#2.1.1.2.2 上部または前方の語句，#2.1.1.2.3 ルビ，#2.1.1.2.4 併設された語句，#2.1.1.2.5 内容と異なる言語・文字種によるタイトル，#2.1.1.2.6 複数の言語・文字種によるタイトル，#2.1.1.2.7 同一の言語・文字種による複数のタイトル，#2.1.1.2.8 部編，補遺等のタイトル，#2.1.1.2.9 総合タイトルのある資料，#2.1.1.2.10 総合タイトルのない資料，#2.1.1.2.11 タイトルのない資料，#2.1.1.2.12 和古書・漢籍の書誌的巻数，#2.1.1.2.13 音楽資料の楽曲形式等，#2.1.1.2.14 地図資料の尺度，#2.1.1.2.15 逐次刊行物，更新資料の変化前のタイトルを示す表示，#2.1.1.2.16 複数巻単行資料，逐次刊行物の巻号ごとに変わる日付，名称，番号等，#2.1.1.2.17 逐次刊行物の刊行前のタイトル，#2.1.1.2.18 美術資料の作品番号，および #2.1.1.3 複製，#2.1.1.4 変化については各項を参照。	工業技術英語入門▼歌曲集≪美しき水車小屋の娘 ＞▼Concertos for Jew's harp, mandora and orchestra▼West Side story 別タイトル：ジュリエット物語又は悪徳の栄え 語句をタイトルの一部に含める：NHK名曲アルバム▼図解電子計算機用語辞典（情報源の表示：「図解」が割書き）▼最新東京都道路地図（題字欄の表示：「最新」が割書き）語句を含めない例：環境アセスメント関係法令集（版次：改訂）（タイトル・ページの表示：改訂 環境アセスメント関係法令集）ルビ：青い思想（情報源の表示：青い思想）並設された語句：誰でもわかる！狂牛病対策マニュアル（異形タイトル：誰でもわかる！BSE対策マニュアル）複 数 の 言 語：Concerto for piano and orchestra, no. 20 in D minor, K. 466（並列タイトル：ピアノ協奏曲 第 20 番 ニ短調）総合タイトルのない資料：枕草子／清少納言著. 徒然草／吉田兼好著▼たけくらべ；随筆／樋口一葉；朗読，幸田弘子逐次刊行物の刊行頻度：月刊アドバタイジング▼季刊人類学
責任表示 本タイトルに関係する責任表示（複数存在する場合は最初に記録する一つ）（#2.2.1）資料の知的・芸術的内容の創作または実現に，責任を有するか寄与した個人・家族・団体に関する表示を，責任表示として記録する。著者，編纂者，作曲者，編曲者，画家などのほか，原作者，編者，訳者，脚色者，監修者，校閲者などをも含む。	本タイトルに関係する責任表示は，次の優先順で情報源を選定する。①タイトルと同一の情報源（#2.1.1.1.2）②自体の他の情報源（#2.0.2.2 の優先情報源の優先順と同様の順で選定する。）③資料外の情報源（#2.0.2.3）必要な場合は，情報源を注記として記録する。情報源に表示されている，個人・家族・団体の名称と，その役割を示す語句（#2.2.0.4.3）をそのままの形で記録する。#2.2.0.4.1 複数の名称を含む責任表示とその任意省略，#2.2.0.4.2 複数の責任表示，2.2.1.2.1 複数の言語・文字種による責任表示，#2.2.1.2.2 総合タイトルのない資料については，各項を参照。	野坂昭如文▼米倉斉加年絵▼阿川弘之，北杜夫対談▼竹内理三校訂・解説▼田中吉郎作図▼日地出版株式会社編集・著／監修：平野健次複数の名称：上田修一・蟹瀬智弘著▼小松克彦＋オフィス21編著▼三木清 [ほか]著　　（任意省略）複数の責任表示：チャールズ・バーチ，ジョン・B・コップ著／長野敬／川口啓明訳（本タイトル：生命の解放）▼中村丁次栄養学総監修／片山茂裕，須田幸子解説（本タイトル：生活習慣病と食事指導）総合タイトルのない資料：にごりえ：たけくらべ／樋口一葉著▼土佐日記／紀貫之著；池田弥三郎訳. 蜻蛉日記／藤原道綱母著；室生犀星訳
版表示①版次（#2.3.1）②付加的版次（#2.3.5）	版表示のエレメントのうち 版次および付加的版次（ある版に変更が加えられて再発行されたことを示す版次）がコア・エレメントであり，関連して版に関係する責任表示，付加的版に関係する責任表示は版表示のサブエレメントである。	版次：初版▼改訂版▼新装版▼縮刷版▼2011［版］▼第 3 版▼2015年版付加的版次：2 版（版次：改訂版）▼新装版（版次：改訂版）
逐次刊行物の順序表示（順序表示の方式が変化した場合は，初号の	初号に表示された巻次，および本タイトルまたは責任表示等の重要な変化により体現形に対する新規の記述を作成	1 巻 1 号▼平成 8 年夏号▼vol. 1, no. 1▼1961/1972▼2014 年 3 号▼1961/1972（情報源の表示：1961-1972）▼第 2 期第 1 巻

巻次および（または）年月次については最初の方式のもの，終号の巻次および（または）年月次については最後の方式のもの）① 初号の巻次（#2.4.1）② 初号の年月次（#2.4.2）③ 終号の巻次（#2.4.3）④ 終号の年月次（#2.4.4）	した場合の，変化後の最初の号の年月次を，初号の年月次として扱う。順序表示の方式に変化があった場合は，新しい方式の最初の号の巻次も初号の巻次として扱う。終号に表示された年月次，および本タイトルまたは責任表示等の重要な変化により体現形に対する新規の記述を作成した場合の，変化前の最後の号の年月次を，終号の年月次として扱う。順序表示の方式に変化があった場合は，古い方式の最後の号の年月次も終号の年月次として扱う。漢数字，ローマ数字，語句で表記される数字等は，アラビア数字に置き換えて記録する。	（前の順序表示：第 1 巻 - 第 50 巻）
出版表示 ① 出版地（#2.5.1）② 出版者（#2.5.3）③ 出版日付（複数の種類の暦によって表示されている場合は，優先する暦のもの）（#2.5.5）刊行物の出版，発行，公開に関して，場所，責任を有する個人・家族・団体，日付を識別する表示を，出版表示として記録する。	出版地は，刊行物の出版，発行，公開と結びつく場所（市町村名等）である。複数の出版地が情報源に表示されている場合は，最初に記録するもののみが，コア・エレメント。出版者は，刊行物の出版，発行，公開に責任を有する個人・家族・団体の名称である。複数の出版者が情報源に表示されている場合は，最初に記録するもののみが，コア・エレメント。出版日付は，刊行物の出版，発行，公開と結びつく日付。日付の暦が西暦の場合はアラビア数字で記録する。情報源に表示されている日付の暦が西暦でない場合は，その日付を西暦に置き換える。漢数字，ローマ数字，語句で表記される数字等は，アラビア数字に置き換えて記録する	出版地：北海道▼横浜市▼Osaka City▼東京（情報源の表示：東京都文京区）▼武蔵野市（東京都）▼田原本町（奈良県磯城郡）出版地が推定できない場合：［出版地不明］出版者：新潮社▼日本図書館協会出版者が特定できない場合：［出版者不明］出版日付：2015.9.1（情報源の表示：平成 27 年 9 月 1 日）▼2009.10.4（情報源の表示：2009 October 4）▼1981.6（情報源の表示：June 1981）▼［1975］▼［1975?］▼［1970 頃］出版日付を推定できない場合：［出版日付不明］
非刊行物の制作表示 非刊行物の制作日付（複数の種類の暦によって表示されている場合は，優先する暦のもの）（#2.8.5）	制作日付は，非刊行物の書写，銘刻，作製，組立等と結びつく日付。情報源に表示されている日付の暦が西暦の場合はアラビア数字，西暦でない場合は西暦に置き換える。漢数字，ローマ数字，語句で表記される数字等は，アラビア数字に置き換えて記録する。語句で表された暦は，アラビア数字に置き換える。	2015.9.1（情報源の表示：平成 27 年 9 月 1 日）▼1985.6.30（情報源の表示：昭和六十年六月三十日）▼2000.5（情報源の表示：平成 12.5）▼2009.10.4（情報源の表示：2009 October 4）▼1981.6（情報源の表示：June 1981）
シリーズ表示 ① シリーズの本タイトル（#2.10.1）② シリーズ内番号（#2.10.8）③ サブシリーズの本タイトル（#2.10.9）④ サブシリーズ内番号（#2.10.16）単行資料，逐次刊行物，更新資料に対するシリーズについての表示を記録する。シリーズは，記述対象より上位の書誌レベルに位置する体現形である。シリーズは，複数階層	シリーズの本タイトルはシリーズを識別する主な名称であり，サブシリーズの本タイトルはサブシリーズを識別する主な名称である。番号は，単独の数字・文字・記号か，またはそれらの組み合わせである。前後に それを修飾する語句が付いているものもある。なお，記述対象が単行資料，逐次刊行物，更新資料の構成部分（雑誌論文等）である場合は，上位の書誌レベルの情報（収録誌紙等）はシリーズ表示とは扱わず，体現形間の関連として記録する。	記述対象より上位の書誌レベルに位置する体現形：アジア経済研究所叢書（記述対象：中東アラブ企業の海外進出（「アジア経済研究所叢書」の中の単行資料 1 巻））▼大佛次郎時代小説全集（記述対象：大久保彦左衛門（「大佛次郎時代小説全集」の中の単行資料 1 巻））▼広島大学総合科学部紀要（記述対象：言語文化研究（「広島大学総合科学部紀要」の中の逐次刊行物 1 部編））複数階層のレベル：【シリーズ】書誌書目シリーズ／【サブシリーズ】未刊史料による日本出版文化（記述対象：出版の起源と京都の本屋）シリーズの本タイトル：角川文庫▼日本図書館学講座

のレベルから成ることがある。最上位のレベルをシリーズとして、それ以外のレベルをサブシリーズとして扱う。複数のレベルのサブシリーズが存在することもある。		シリーズ内番号：中▼A▼第2巻▼第3集▼その6▼no. 7 サブシリーズの本タイトル：スポーツ・ビギニング・シリーズ（シリーズの本タイトル：スポーツ叢書）▼新書東洋史／中国の歴史（シリーズの本タイトル：講談社現代新書） サブシリーズ内番号：1（サブシリーズの本タイトル：シリーズ選書日本中世史）（シリーズの本タイトルとシリーズ内番号：講談社選書メチエ; 467）
キャリア種別（#2.16）	機器種別（表2.15.0.2から選択），キャリア種別（表2.16.0.2から選択），数量（単位を示す助数詞は，キャリア種別に応じて表2.17.0.2の語を用いる）は，すべての種類のキャリアについて記録する。大きさは，オンライン資料を除くすべての種類のキャリアについて記録する。キャリア種別および数量は，コア・エレメントである。	機器種別：オーディオ（音声再生機器が必要な場合）▼機器不用（図書など） キャリア種別：冊子（図書など）▼オーディオ・ディスク（音楽CDなど）▼複数のキャリア種別：【キャリア種別】コンピュータ・ディスク【数量】コンピュータ・ディスク1枚【キャリア種別】オーディオ・ディスク【数量】オーディオ・ディスク1枚【キャリア種別】冊子【数量】2冊（コンピュータ・ディスク，オーディオ・ディスク各1枚と冊子2冊から成る記述対象について，キャリア種別と数量のみを記録する場合）
数量（次の場合）（#2.17） ・資料が完結している場合 ・総数が判明している場合	キャリアの種類を示す語とともに（表2.16.0.2の適切なキャリア種別の用語に続けて），キャリア毎に示された数量に用いる助数詞（表2.17.0.2数量に用いる助数詞：枚，巻，個等）によりユニット数を記録する。大きさは，エレメントである。記述対象のキャリアおよび（または）容器の寸法（高さ，幅，奥行など）を，大きさとして記録する。目その他のエレメントは，基本的に記述対象のキャリアが該当する場合に限って記録する。複数のキャリア種別から成る体現形を包括的に記述する。	冊子1冊の資料は，キャリアの種類を示す用語および冊数は記録せず，ページ数，丁数，枚数，欄数のみを記録する。ページ数，丁数，枚数，欄数を，それぞれ「p」，「丁」，「枚」，「欄」の語を付加して記録する。図版ある資料（例：246 p, 図版32 p）。ページ付のない資料：94 p（ページ付なし）▼約300 p▼1冊（ページ付なし） 複数のページ付：22, 457, 64 p▼xvii, 530 p▼30 p, 120枚▼18（ページ付なし），220, 25 p▼254 p（欠落あり）▼p 9-160 刊行が完結していない資料，または完結していても全体の冊数が不明な資料を包括的に記述する場合：「冊」の語のみ DVD-ROM 1枚（キャリア種別は「コンピュータ・ディスク」）▼VHS 1巻（キャリア種別は「ビデオカセット」）▼オンライン資料1件（キャリアなし） 大きさ：冊子は，外形の高さを記録する。外形の高さが10cm未満のものはセンチメートルの単位で小数点以下1桁まで端数を切り上げて記録する。縦長本，横長本，枡型本は，縦，横の長さを「×」で結んで記録する。（例：22 cm▼8.7 cm▼21×9 cm▼15×25 cm▼15×15 cm）
体現形の識別子（複数ある場合は国際標準の識別子）（#2.34）	体現形の識別子に定められた表示形式（ISBN, ISSN, ISMN等）がある場合は，その形式に従って記録する。	ISBN 978-4-8204-0602-0▼ISBN 4-8204-0602-7▼ISSN 0385-4000▼ISMN 979-0-69200-628-2▼doi: 10.1241/johokanri.55.383（逐次刊行物「情報管理」の1記事に対するDOI（デジタル・オブジェクト識別子）） 全体と部分に対する識別子（例：ISBN978-4-284-10193-6（セット）／ISBN978-4-284-10194-3（第1巻）／ISBN 978-4-284-10195-0（第2巻）（全体を記述

著作の属性

コア・エレメント	摘　　　　要	記　録　例
著作の優先タイトル（#4.1）	著作のタイトルのエレメント・サブタイプには，優先タイトル（#4.1）と異形タイトル（#4.2）がある。著作を識別するために選択する名称である。優先タイトルは その著作に対する典拠形アクセス・ポイントの基礎としても使用する。一般によく知られているタイトルを，優先タイトルとして選択する。著作の部分または著作の集合に対するタイトルを，優先タイトルとして選択することもできる。	日本語の優先タイトルは，表示形とその読みを記録する。黒い雨‖クロイ アメ▼文藝春秋‖ブンゲイ シュンジュウ異形タイトル：牛若物語‖ウシワカ モノガタリ（優先タイトル：義経記）
著作の形式（同一タイトルの他の著作または個人・家族・団体と判別するために必要な場合）（#4.3）	その著作の該当する種類やジャンルであり，その著作に対する統制形アクセス・ポイントの一部として，または独立したエレメントとして，あるいはその双方として記録する。	戯曲▼ラジオ番組▼詩
著作の日付（次の場合）（#4.4）・条約・同一タイトルの他の著作または個人・家族・団体と判別するために必要な場合	著作に関係する最も早い日付。著作が成立した日付を特定できない場合は，その体現形について知られる最も早い日付を，著作の日付として扱う。その著作に対する統制形アクセス・ポイントの一部として，または独立したエレメントとして，あるいはその双方として記録する。著作の日付は，原則として西暦年をアラビア数字で記録する。	2014
著作の成立場所（同一タイトルの他の著作または個人・家族・団体と判別するために必要な場合）（#4.5）	著作が成立した国または国以外の法域である。その著作に対する統制形アクセス・ポイントの一部として，または独立したエレメントとして，あるいはその双方として記録する（#22.1.6）。	日本語の優先名称は，表示形とその読みを記録する。四條畷市‖シジョウナワテシ▼南アルプス市‖Minamiarupusushi（ローマ字読み形の例）▼北京‖ペキン
著作のその他の特性（責任刊行者など）（同一タイトルの他の著作または個人・家族・団体と判別するために必要な場合）（#4.6, #4.7）	責任刊行者は，団体の公式機関誌のような著作を責任刊行する個人・家族・団体である。これらが，その著作に対する創作者に該当する場合は除く。その著作に対する統制形アクセス・ポイントの一部として，または独立したエレメントとして，あるいはその双方として記録する。	岩手県栽培漁業協会（「事業年報」の責任刊行者）
著作の識別子（#4.9）	著作の説明・管理要素として履歴，識別子，確定状況，出典，データ作成者の注記がある。著作の識別子は，コア・エレメントであり，著作または著作に代わる情報（典拠レコードなど）と結びつく一意の文字列である。識別子は，著作を他の著作と判別するために有効である。	国立国会図書館典拠ID：00642177（兼好著「徒然草」の著作の識別子）
演奏手段（音楽作品において，同一タイトルの他の作品と判別するために必要な場合）（#4.14.3）	各種の著作として，法令，音楽作品がある。演奏手段は，音楽作品の中のコア・エレメントである。	ヴィオラ▼声▼フルート（2）（パート数）
音楽作品の番号（音楽作品において，同一タイトルの他の作品と判別するために必要な場合）（#4.14.4）	音楽作品の中のコア・エレメント。	No. 8▼第8番▼op. 32▼op. 2, no. 1

調（音楽作品において，同一タイトルの他の作品と判別するために必要な場合）（#4.14.5）	音楽作品の中のコア・エレメント。	ハ短調▼ニ長調▼変ロ長調▼嬰ヘ短調

表現形の属性

コア・エレメント	摘　　　　要	記　　録　　例
表現種別（#5.1）	その表現形に対する統制形アクセス・ポイントの一部として，または独立したエレメントとして，あるいはその双方として記録する。表現種別として記録する用語は，表 5.1.3 から選択。	テキスト（印刷文字資料などの場合）▼楽譜▼地図▼静止画▼和声▼演奏（楽曲の場合）
表現形の日付（同一著作の他の表現形と判別するために必要な場合）（#5.2）	その表現形に関係する最も早い日付である。表現形を具体化する最も早い体現形の日付を，表現形の日付として扱うことができる。表現形の日付は，その表現形に対する統制形アクセス・ポイントの一部として，または独立したエレメントとして，あるいはその双方として記録する。表現形の日付は，原則として西暦年をアラビア数字で記録する。	1936（鴎外全集 / 森林太郎著. ― 東京：岩波書店，1936-1939）
表現形の言語（記述対象が言語を含む内容から成る場合）（#5.3）	著作を表現している言語。その表現形に対する統制形アクセス・ポイントの一部として，または独立したエレメントとして，あるいはその双方として記録する。	データ作成機関で定める用語で記録（例：ロシア語）
表現形のその他の特性（同一著作の他の表現形と判別するために必要な場合）（#5.4）	表現形のその他の特性は，その表現形に対する統制形アクセス・ポイントの一部として，または独立したエレメントとして，あるいはその双方として記録する（#23.1）。	増補改訂版　（怪物のユートピア / 種村季弘著. ― 増補改訂版. ― 東京：西沢書店，1974. ― 初版：三一書房 1968 年刊）
表現形の識別子（#5.5）	説明・管理要素として識別子，確定状況，出典，データ作成者の注記がある。表現形の識別子は，表現形またはその表現形に代わる情報（典拠レコードなど）と結びつく一意の文字列である。識別子は，表現形を他の表現形と判別するために有効である。	確立（表現形に対する典拠形アクセス・ポイントとして，データが十分な状態にある場合）▼未確立（表現形に対する典拠形アクセス・ポイントとして，データが不十分な状態にある場合）▼暫定（資料自体を入手できず，体現形の記述から採用した場合）
尺度 ①地図の水平尺度（#5.23.2）②地図の垂直尺度	表現形の内容は，資料の知的・芸術的内容と結びつく表現形の属性であり，その中の尺度は，地図に限りコア・エレメント。水平尺度は地図における水平距離と実際の距離の比であり，垂直尺度は，地図の高度または垂直方向の大きさの尺度である。	1:25,000

個人の属性

コア・エレメント	摘　　　　要	記　　録　　例
個人の優先名称（#6.1）	個人には，共有筆名を使用する複数の個人を含む。また，伝説上または架空の個人，人間以外の実体をも含む。　記録する要素として，名称，名称以外の識別要素，説明・管理要素がある。個人の名称には，第一の識別要素である個人の優先名称と，個人の異形名称とがあり，優先名称はコア・エレメントであり，個人を識別するために選択する名称である。優先名称はその個人に対する典拠形アクセス・ポイントの基礎としても使用する。一般によく知られている名称を選択する。優先名称には，個人の本名，筆名，貴族の称号，あだ名，	木村，浩‖キムラ，ヒロシ▼呉，昌碩‖ゴ，ショウセキ▼シュエ，シャオルー▼Lee, Yuan Chuan▼金，達寿‖キム，タルス（母語読みを採用）▼チャン，キホン▼安里，미곌‖アサト，ミゲル（漢字とハングル）▼金，洪信‖キン，コウシン（日本語読みを採用）Shakespeare, William▼Deal, William S.▼Ulanova, Galina Sergeevna（表示形：Уланова,

	イニシャルなどがある。 姓名の形をもつ名称は，姓を記録し，コンマ，スペースで区切って，名を記録する。名称に含まれる尊称や敬称は省略する。 日本人：漢字および（または）仮名による表示形 中国人：漢字による表示形で必要に応じて，データ作成機関の定めに従って，読みを記録。 韓国・朝鮮人：漢字による表示形またはハングルによる表記，必要に応じて，データ作成機関の定めに従って，読みを記録。 それ以外の個人：表示形または翻字形。	Галина Сергеевна)▼フィッシャー＝ディースカウ，ディートリヒ 名称の変更：佐多稲子（旧名称：窪川稲子）▼名称の使い分け：中島梓（評論家として使用）栗本薫（小説家として使用）（中島梓，栗本薫それぞれに対する典拠形アクセス・ポイントは，相互に関連づける）
個人と結びつく日付 ① 生 年（#6.3.3.1），② 没 年（生年，没年はいずれか一方または双方）（#6.3.3.2），③個人の活動期間（生年，没年がともに不明の場合に，同一名称の他の個人との判別が必要なとき）（#6.3.3.3）	日付は，原則として西暦年をアラビア数字で記録する。推定年の場合は，「?」を付加して記録する。推定年については，2 年間のいずれか不明な場合に 2 つの年を「または」または「or」で続けて記録することも，おおよそその年のみが判明した場合に「頃」を付して記録することもできる。統制形アクセス・ポイントの一部として，または独立したエレメントとして，あるいはその双方として記録する。	生年：1887（情報源の表示：明治 20 年生まれ）▼1918?（推定の生年） 没年：2012▼53 B.C.（紀元前の没年）
称号（次の場合）（#6.4） ・王族，貴族，聖職者であることを示す称号の場合 ・同一名称の他の個人と判別するために必要な場合	王族，貴族，聖職者であることを示す語句，およびその他の階級，名誉，公職者であることを示す語句（学位，組織の構成員であることを表す語句のイニシャルおよび（または）略語を含む）を記録する。統制形アクセス・ポイントの一部として，または独立したエレメントとして，あるいはその双方として記録する。	King of Spain▼伯爵▼教皇▼Ph. D.
活動分野（次の場合）（#6.5） ・個人の名称であることが不明確な場合に，職業を使用しないとき ・同一名称の他の個人と判別するために必要な場合	個人が従事している，または従事していた活動領域や専門分野等。統制形アクセス・ポイントの一部として，または独立したエレメントとして，あるいはその双方として記録する。活動分野を示す語句をデータ作成機関で定める言語で記録する。	数学▼政治学▼音楽批評
職業（次の場合）（#6.6） ・個人の名称であることが不明確な場合に，活動分野を使用しないとき ・同一名称の他の個人と判別するために必要な場合	個人が一般に生業として従事している業種。統制形アクセス・ポイントの一部として，または独立したエレメントとして，あるいはその双方として記録する。職業を示す語句をデータ作成機関で定める言語で記録する。	翻訳家▼弁護士
展開形（同一名称の他の個人と判別するために必要な場合）（#6.7を見よ）	ラテン文字等から成る個人の優先名称またはその一部が，イニシャル，略語，短縮形などである場合の完全な形である。統制形アクセス・ポイントの一部として，または独立したエレメントとして，あるいはその双方として記録する。	Alan Ralph（優先名称: Millard, A. R.）
その他の識別要素（次の場合）（#6.8） ・聖人であることを示す語句の場合 ・伝説上または架空の個人を示す語句の場合	統制形アクセス・ポイントの一部として，または独立したエレメントとして，あるいはその双方として記録する。データ作成機関で定める言語で記録する。	Saint▼霊▼悪魔▼チンパンジー

・人間以外の実体の種類を示す語句の場合 ・同一名称の他の個人と判別するために必要な場合		
個人の識別子（次の場合）(#6.18)	個人の説明・管理要素として性別，出生地，死没地，個人と結びつく国，居住地等，アドレス，所属，個人の言語，略歴，識別子，使用範囲，使用期間，確定状況，名称未判別表示，出典，データ作成者の注記がある。そのうち識別子は，コア・エレメントであり，個人または個人に代わる情報（典拠レコードなど）と結びつく一意の文字列である。識別子は，個人を他の個人と判別するために有効である。	国立国会図書館典拠 ID：00046801（森，鴎外，1862-1922の国立国会図書館の典拠 ID)

家族の属性

コア・エレメント	摘　　　要	記　録　例
家族の優先名称（#7.1)	家族を識別するために選択する名称である。優先名称はその家族に対する典拠形アクセス・ポイントの基礎としても使用する。家族の優先名称には，一般によく知られている名称を選択する。優先名称には，家族の構成員によって使用される姓（またはそれに相当するもの），王家名または王朝名，氏族名などがある。 姓または姓として機能する名称。日本人，中国人，韓国・朝鮮人，その他の家族の名称については，個人の属性を参照。家族の優先名称として選択しなかった名称を，異形名称として記録。 同一家族の複数の名称，名称の変更，同一名称の異なる形。	鈴木‖スズキ▼劉‖リュウ▼Bush 豊臣／羽柴（豊臣，羽柴それぞれに対する典拠形アクセス・ポイントは，相互に関連づける） Jaeger（優先名称：Yaeger） ケネディ（優先名称：Kennedy） ▼柴崎‖シバザキ（優先名称：柴崎‖シバサキ）
家族のタイプ（#7.3)	家，氏，王家，王朝など家族の一般的な種類を示す語がある。その家族に対する統制形アクセス・ポイントの一部として，または独立したエレメントとして，あるいはその双方として記録する。家，氏，王家，王朝などの一般的な種類を示す語を，データ作成機関で定める言語で記録する。	家▼氏▼Family▼Dynasty
家族と結びつく日付（#7.4)	家族の歴史における重要な日付である。統制形アクセス・ポイントの一部として，または独立したエレメントとして，あるいはその双方として記録する。	「個人と結びつく日付」を参照
家族と結びつく場所（同一名称の他の家族と判別するために必要な場合）(#7.5)	家族の現在もしくは過去の居住地，または関係のある場所がある。家族と結びつく場所は，その家族に対する統制形アクセス・ポイントの一部として，または独立したエレメントとして，あるいはその双方として記録する。	恵那市
家族の著名な構成員（同一名称の他の家族と判別するために必要な場合）(#7.6)	家族の一員のうち，よく知られた個人である。家族の著名な構成員は，その家族に対する統制形アクセス・ポイントの一部として，または独立したエレメントとして，あるいはその双方として記録する。	
家族の識別子（#7.10)	説明・管理要素として，世襲の称号，家族の言語，家族の歴史，識別子，使用範囲，確定状況（確立，未確立，暫定），出典，データ作成者の注記）がある。そのうち識別子は，コア・エレメントである。 家族または家族に代わる情報（典拠レコードなど）と結びつく一意の文字列である。識別子は，家族を他の家族と判別するために有効である。	国立国会図書館典拠 ID：01004656（織田（家）（芦別市）の国立国会図書館の典拠 ID)

団体の属性

コア・エレメント	摘　　　要	記　録　例
団体の優先名称（#8.1）	団体を識別するために選択する名称である。優先名称はその団体に対する典拠形アクセス・ポイントの基礎としても使用する。一般によく知られている名称を選択する。慣用形や簡略形の場合もある。 同一名称の異なる形（言語，文字種・読み，綴り，慣用形，会議・大会・集会等，歴史の古い宗教団体，宗教の拠点）。日本語，中国語，韓国・朝鮮語，それ以外の言語の優先名称。語形等の省略（法人組織等，イニシャルを含む名称の句読点，冒頭の冠詞，会議・大会・集会等の会次・開催地・開催年）。下部組織・付属機関，合同機関。 各種の団体，国際団体。 団体の異形名称（団体の優先名称として選択しなかった名称を，異形名称として記録することができる。また，優先名称として選択した名称の異なる形も，異形名称として記録することができる。異なる言語の名称，異なる形。	記録例は省略（以下の団体について名称を選択） 日本の団体：国の行政機関（付属機関・出先機関，在外公館，国際団体・政府間機関への代表団），国の立法機関および司法機関，政府関係機関等，地方自治体，その他の団体（教育・研究組織（大学，学校等，大学の学部等，大学に付属または付置する機関，大学共同利用機関，大学，学校等以外の教育・研究組織） 外国の団体：国の機関（在外公館，国際団体・政府間機関への代表団，地方政府・自治体），その他の団体（教育・研究組織（大学，学校等，大学の学部等，大学に付属または付置する機関，大学，学校等以外の教育・研究組織））
団体と結びつく場所（次の場合）（#8.3） ・会議，大会，集会等の開催地の場合（#8.3.3.1） ・同一名称の他の団体と判別するために必要な場合	会議，大会，集会等の開催地や団体の本部所在地（または団体の活動地）などがある。その団体に対する統制形アクセス・ポイントの一部として，または独立したエレメントとして，あるいはその双方として記録する。	長野県（優先名称：オリンピック冬季競技大会‖オリンピック　トウキ　キョウギ　タイカイ）▼Washington D.C.（優先名称：National Conference on Scientific and Technical Data）
関係団体（次の場合）（#8.4） ・会議，大会，集会等の開催地より識別に役立つ場合 ・会議，大会，集会等の開催地が不明または容易に確認できない場合 ・同一名称の他の団体と判別するために必要な場合	その団体に密接な関連がある他の団体である。関係団体は，その団体に対する統制形アクセス・ポイントの一部として，または独立したエレメントとして，あるいはその双方として記録する。	東京学芸大学（「社会科教育研究会‖シャカイカ　キョウイク　ケンキュウカイ」（優先名称）の関係団体の優先名称）
団体と結びつく日付（次の場合）（#8.5） ・会議，大会，集会等の開催年の場合（#8.5.3.4） ・同一名称の他の団体と判別するために必要な場合	団体と結びつく日付には，設立年，廃止年，活動期間，会議・大会・集会等の開催年がある。その団体に対する統制形アクセス・ポイントの一部として，または独立したエレメントとして，あるいはその双方として記録する。	1998（優先名称：オリンピック冬季競技大会‖オリンピック　トウキ　キョウギ　タイカイ）▼2017. 4.14（優先名称：全国知事会議）
会議，大会，集会等の回次（#8.6）	一連の会議，大会，集会等の番号付けである。その団体に対する統制形アクセス・ポイントの一部として，または独立したエレメントとして，あるいはその双方として記録する。	第18回（優先名称：オリンピック冬季競技大会‖オリンピック　トウキ　キョウギ　タイカイ）▼第3期（優先名称：日韓文化交流会議‖ニッカン　ブンカ　コウリュウ　カイギ）

その他の識別要素 ① 団体の種類（#8.7.1） ② 行政区分を表す語 （#8.7.2） ③ その他の識別語句 （#8.7.3）	①次の場合 ・優先名称が団体の名称であることが不明確な場合 ・同一名称の他の団体と判別するために必要な場合 ②同一名称の他の団体と判別するために必要な場合 ③次の場合 ・優先名称が団体の名称であることが不明確な場合に，団体の種類を使用しないとき ・同一名称の他の団体と判別するために必要な場合	①団体▼会社▼教会▼ラジオ局 ② City▼County▼Province▼State ③ Territory under British Military Administration（優先名称：Malaya。団体と結びつく日付：1945-1946）▼サッカー（優先名称：ワールドカップ‖ワールド　カップ）
団体の識別子（#8.12）	説明・管理要素として団体の言語，アドレス，活動分野，沿革，識別子，使用範囲，確定状況，出典，データ作成者の注記がある。このうち識別子は，コア・エレメントである。団体または団体に代わる情報（典拠レコードなど）と結びつく一意の文字列である。識別子は，団体を他の団体と判別するために有効である。	国立国会図書館典拠 ID: 00267599（日本図書館協会の国立国会図書館の典拠 ID）

資料に関する基本的関連

コア・エレメント	摘　　　要	記　　録　　例
表現形から著作への関連（#42.2）	体現形から著作への関連を記録しない場合は，コア・エレメントである。表現形は，常に一つの著作を実現する。その表現形が実現した著作を，関連先の情報として記録する。 次のうち一つ以上の方法によって記録する。a）識別子 b）典拠形アクセス・ポイント c）複合記述（#42.0.4.1を見よ。）	<識別子> 国立国会図書館典拠 ID: 00646236「平家物語」の著作の識別子）（関連元：平家物語。ロシア語）▼ISWC: T-010.190.038-2（"Mozart's Eine kleine Nachtmusik"の国際標準音楽作品識別子）（関連元：Mozart, Wolfgang Amadeus, 1756-1791. Eine kleine Nachtmusik; arranged） <典拠形アクセス・ポイント> 紫式部，平安中期。源氏物語（関連元：紫式部，平安中期。源氏物語。英語）▼Kalevala（関連元：Kalevala. Spoken word） <複合記述> 20世紀／アルベール・ロビダ著；朝比奈弘治訳． ― 東京：朝日出版社，2007. ― 原タイトル：Le vingtième siècle（著作の原タイトルを，体現形の記述と組み合わせたもの）
体現形から表現形への関連（複数の表現形が一つの体現形として具体化された場合は，顕著または最初に名称が表示されている体現形から表現形への関連）（#42.6）	体現形で具体化された表現形を直接特定しない場合は，コア・エレメントである。複数の表現形が一つの体現形として具体化された場合は，顕著なものまたは最初に表示されるもののみ，コア・エレメントである。 体現形は，一つ以上の表現形を具体化する。その体現形が具体化した表現形を，関連先の情報として記録する。体現形の構成部分として具体化された表現形も記録することができる。 次のうち一つ以上の方法によって記録する。a）識別子 b）典拠形アクセス・ポイント c）複合記述（#42.0.4.1を見よ。）	<識別子> VIAF ID: 311853941（太宰治「人間失格」の表現形の一つである，ドナルド・キーンによる英語訳の識別子）（関連元：No longer human / Osamu Dazai ; translated by Donald Keene. ― Tokyo : Tuttle Publishing. [1958]） <典拠形アクセス・ポイント> 林，芙美子，1904-1951. 放浪記. 話声（著作に対する典拠形アクセス・ポイントに表現種別を付加して構築した，表現形に対する典拠形アクセス・ポイント）（関連元：放浪記／林芙美子；朗読：藤田弓子． ― 東京：新潮社，2011）▼地獄の黙示録（映画：特別完全版）（著作に対する典拠形アクセス・ポイントに，表現形のその他の特性を表す語を付加して構築した，表現形に対する典拠形アクセス・ポイント。優先タイトルの言語を日本語とする別法を適用した例）（関連元：地獄の黙示録：特別完全版／フラン

<table>
<tr><td colspan="2"></td><td>シス・F・コッポラ製作・監督・脚本・音楽；ジョン・ミリアス脚本. ― ［東京］：ジェネオン・エンタテインメント，2002)▼ベートーヴェン，ルートヴィヒ ヴァン，1770-1827. 交響曲，第9番，op. 125, ニ 短調；編曲（音楽作品に対する典拠形アクセス・ポイントに表現形の用語を付加して構築した，表現形に対する典拠形アクセス・ポイント。優先名称と優先タイトルの言語 を日本語とする別法を適用した例）（関連元：交響曲第9番／ベートーヴェン；リスト編曲；後藤泉 ピアノ. ― Yokohama：マイスター・ミュージック，2013)

＜複合記述＞ 組曲「惑星」／ ホルスト［作曲］；大友直人指揮；東京交響楽団，東響コーラス［演 奏］. ― Tokyo：King Record, 2013. ― 収録：2013年9月 サントリーホール（東京）. ― キング：KICC-1120（表現形の収録の日付・場所を，体現形の記述と組み合わせたもの）</td></tr>
<tr><td>体現形から著作への関連（複数の著作が一つの体現形として具体化された場合は，顕著にまたは最初に名称が表示されている体現形から著作への関連）(#42.4)</td><td>体現形で具体化された表現形を特定しない場合は，コア・エレメントである。複数の著作が一つの体現形として具体化された場合は，顕著なものまたは最初に表示されるもののみ，コア・エレメントである。
体現形は，一つ以上の著作を具体化する。その体現形が具体化した著作を，関連先の情報として記録する。体現形の構成部分として具体化された著作も記録することができる。
体現形から著作への関連は，体現形で具体化された表現形を特定せずに，体現形と著作を直接に関連づける場合に記録する。この関連を記録する場合は，その体現形から表現形への関連は記録しない。
次のうち一つ以上の方法によって記録する。a) 識別子 b) 典拠形アクセス・ポイント c) 複合記述（#42.0.4.1 を見よ。)</td><td>＜識別子＞ VIAF ID: 905915183800182052000 8（宮沢俊義「憲法」の著作の識別子）（関連元：憲法／宮沢俊義著. ― 東京：勁草書房，1951)
＜典拠形アクセス・ポイント＞ 崖の上のポニョ（映画）（関連元：崖の上のポニョ／宮崎駿原作・脚本・監督. ― ［東京］：ウォルトディズニースタジオホームエンターテイメント，［2009]）▼樋口，一葉，1872-1896. たけくらべ（関連元：たけくらべ／樋口一葉著. ― 東京：集英社，1993)▼Brahms, Johannes, 1833-1897. Concertos, piano, orchestra, no. 1, op. 15, D minor（関連元：ピアノ協奏曲第1番／ブラームス；サイモン・ラトル指揮；クリスティアン・ツィマーマン，ベルリン・フィルハーモニー管弦楽団. ― ［東京］：ユニバーサルミュージック，2005)
＜複合記述＞ Gon, the little fox ／ written by Nankichi Niimi ; illustrated by Genjirou Mita ; translation by Mariko Shii Gharbi. ― New York, NY : Museyon Inc., [2015]. ― Original title: Gongitsune（著作の原タイトルを，体現形の記述と組み合わせたもの）</td></tr>
</table>

資料と個人・家族・団体との関連

コア・エレメント	摘　　要	記　録　例
創作者 (#44.1.1)	創作者は，コア・エレメントである。創作者が複数存在する場合は，すべてコア・エレメントである。著作の創作に責任を有する個人・家族・団体（著者，編纂者，作曲者など）である。創作者には，一つの著作の創作に共同で責任を有する複数の個人・家族・団体がある。これには，同一の役割を果たす創作者と，異なる役割を果たす創作者とがある。 著作の集合について，内容の選択，配置，編集によって新しい著作が生じたと考えられる場合は，その編集等に責任を有する個人・家族・団体を，新しい著作の創作者として扱う。 団体を創作者とみなすのは，団体に由来するか，団体が責任刊行したか，または責任刊行させた著作。 次のうち一つ以上の方法によって記録する。a) 識別子 b) 典拠形アクセス・ポイント	①著作の創作に責任を有する単一の創作者 ＜個人＞著者：高木，貞治，1875-1960（関連元：著作「解析概論」（優先タイトル））▼著者：Smith, Adam, 1723-1790（関連元：著作「Inquiry into the nature and causes of the wealth of nations」（優先タイトル））▼編纂者：新村，出，1876-1967（関連元：著作「広辞苑」（優先タイトル））▼写真撮影者：土門，拳，1909-1990（関連元：著作「土門拳自選作品集」（優先タイトル））▼著者：空海，774-835（関連元：著作「風信帖」（優先タイトル））▼美術制作者，著者：山本，作兵衛，1892-1984（関連元：著作「炭坑に生きる」（優先タイトル））▼リブレット作者，作曲者：http://id.ndl.go.jp/auth/ndlna/00116840（松村，禎三，1929-2007 に対する国立国会図書館の典拠データの URI）（関連元：著作「沈黙」（優先タイトル）） ＜家族＞三条（家）（関連元：著作「三条家文書」（優先タイトル）） ＜団体＞著者：日本癌学会（関連元：著作「日本癌学会会員名簿」（優先タイトル））▼著者：大阪府（関連元：著作「地球社会に貢献する大阪を目指して」（優先タイトル））▼著者：東京都中野区，議会（関連元：著作「東京都中野区議会区長選出対策特別委員会公聴会記録」（優先タイトル））▼著者：国土地理院（関連元：著作「弘前」（優先タイトル））▼制定法域団体：東京都（関連元：著作「都民の健康と安全を確保する環境に関する条例」優先タイトル） ②著作の創作に責任を有する複数の個人・家族・団体 ＜同一の役割を果たす複数の個人・家族・団体＞著者：大河内，一男，1905-1984 ／著者：松尾，洋，1911-（関連元：著作「日本労働組合物語」（優先タイトル））▼著者：ランダウ，レフ・ダヴィドヴィッチ，1908-1968 ／著者：リフシッツ，エフゲニイ・ミハイロヴィッチ，1915-1985（関連元：著作「量子力学」（優先タイトル））（優先名称と優先タイトルの言語を日本語とする別法を適用した例）▼作曲者，リブレット作者：林，光，1931-2012 ／作曲者，リブレット作者：萩，京子（関連元：著作「十二夜（オペラ）」（優先タイトル）） 　＜それぞれ異なる役割を果たす複数の個人・家族・団体＞インタビュアー：Gsell, Paul ／インタビュイー：Rodin, Auguste, 1840-1917（関連元：著作「Art」（優先タイトル））▼作詞者：高野，喜久雄，1927-2006 ／作曲者：高田，三郎，1913-2000（関連元：音楽作品「水のいのち」（優先タイトル））
著作と関連を有する非創作者	個人・家族・団体に対する典拠形アクセス・ポイントを使用して著作に対する典拠形アクセス・ポイントを構築する場合は，コア・エレメントである。創作者以外で著作と関連を有する個人・家族・団体（書簡の名宛人，記念論文集の被記念者，ディレクター等）である。 次のうち一つ以上の方法によって記録する。a) 識別子 b) 典拠形アクセス・ポイント	被記念者：国立国会図書館典拠 ID: 00080538（滝川，政次郎，1897-1992 に対する国立国会図書館の典拠 ID）（関連元：著作「滝川博士還暦記念論文集」（優先タイトル））▼映画監督：小津，安二郎，1903-1963（関連元：著作「東京物語」（優先タイトル））▼名宛人：巌谷，小波，1870-1933（関連元：著作「紅葉より小波へ」（優先タイトル））▼責任刊行者：明治大学文芸研究会（関連元：著作「文芸研究」（優先タイトル））

出所：『日本目録規則 2018 年版』の第 1 部第 0 章総説の「付表 コア・エレメント一覧」を基に，規則から関連箇所を引用し作成

第9章
主題目録作業

第1節　主題分析

1　資料内容の把握

　分類し，件名を付与するためには，まず資料が何について書かれているのかを把握しなくてはならない。一般的に，資料はその主題によって分類し，件名が与えられるからである。ただし，文学や芸術に関しては，主題でなく形式で分類されたり件名が与えられるものもあるので，その区別が必要である。

　資料の内容を把握するためには，いうまでもなくそれを読むことが必要であるが，限られた時間に大量の資料をすべて通読することは不可能であるし，非効率的である。したがって，通常は以下のような順序で主題分析を行う。

　① 書名から判断する。
　② 著者の専門分野や著作傾向などから判断する。
　③ 目次をみる。
　④ 序文，あとがき，解説等を読む。
　⑤ 参考資料をひもとく。
　⑥ 通読する。
　⑦ 参照，引用文献を参考にする。
　⑧ OPAC 等のデータベースで類書を検索して過去の事例を参考にする。
　⑨ 専門家に照会する。

2　要　約

　読み取られた内容は，簡単な文章や組み合わせた言葉（言葉の列挙）に置き換えられる。その形式はさまざまであるが，メモ形式や頭の中で処理される場合もある。

要約をする過程で，その資料をどのような深度で主題分析したらよいかという問題がある。資料の主題を分析し把握するには以下の2つの方法がある。この方法に基づき，検索をする者の身になってバランスを考えながら主題を抽出する。

①「要約主題」

資料の包括的な要約によって表現された主題。例えば資料全体が扱っている主題（しばしば本の題名となる）に対し，適切な索引語を考える。

②「網羅的主題」

部分的に深く分析したり，副次的，周辺的な主題まで網羅的に含めるような「深層索引法」により表現された主題。例えば，資料の各章で扱われている主題に対し，個別に適切な索引語を考える。

3 主題と形式

主題分析においては，資料のもつ主題概念と形式概念を区別することが重要である。一般的に，まずその主題概念（著作の言語，文学形式や芸術形式も含む）を分析し主題を明確にしたうえで，その後に形式概念（叙述形式，編集・出版形式等）を考慮し付加的に細分する（主にNDCでは形式区分，BSHでは一般細目が使用される）。このように，図書館では資料の扱う主題を形式により特定し，精緻化して図書館資料の性質を明確にしている。

4 主題の種類[(1)]

(1) 基礎主題

確立した独立の体系的な知識分野である学問分野自体が主題となる。例えば，『法律学』という資料は，法律学とはどのような学問（分野）であるかを概説している。したがって，この場合は法律学という学問分野自体が主題となる。

(2) 単一主題

基礎主題とその学問分野における一種類のファセット中のフォーカスで構成される主題。例えば，『商法』という資料は，法律学－法律の種類（商法）と主題分析される。これは，法律学のもつ各種ファセットの中の一ファセットである「法律の種類」を構成するフォーカスの一つである「商法」という単一主題である。

(3) 複合主題

基礎主題とその学問分野における二種類以上のファセット中の各フォーカスで構成される主題。例えば，『日本の商法』という資料は，法律学－法律の種類（商法）－地域・国（日本）と主題分析される。これは，法律学のもつ各種ファセットの中の二種類のフ

ファセット（法律の種類および地域・国）中の各フォーカス（商法，日本）からなる複合主題である。（第 3 章第 2 節「索引言語システム」の 2 (3) 複数の主題（「複合主題」「混合主題（相関係）」を参照）

(4) 混合主題（相関係）

基礎主題，単一主題，複合主題のように通常は独立している主題が，それぞれの性質を保持しながら相互に結びついた主題。結びついた主題構成要素を「相」と呼び，主題間の関係を「相関係」と呼ぶ。異なるクラスや学問分野の主題同士の結びつき，あるいは同一分野または同一ファセットのなかでの結びつきなどがある。代表的な相関係には，影響関係，因果関係，概念の上下関係，比較対照，主題と材料，理論と応用，主題と目的などがある（具体例は，NDC の分類規程 「主題と主題との関連」において説明されている）。

(5) 複数主題

独立した主題同士が，一つの資料中で相互作用なしに並列しているもの。例えば，『コマツナ・シュンギク・キャベツ・ハクサイ』という資料は，農業 − 園芸 − 蔬菜園芸 − 葉菜類（626.5）の下にあるコマツナ（626.51），シュンギク（626.56），キャベツ（626.52），ハクサイ（626.53）という四つの主題それぞれを並立する関係で取扱っている。

第 2 節 索引語への翻訳

要約された主題概念は，分類記号や件名標目といった索引語に翻訳されることによって索引づけが完了する。その場合，要約された概念をそれぞれの索引言語の列挙順序に置き換え，それぞれの統語法に従って索引語を構成していく。

すでに述べたように，分類法の語彙の列挙順序については，それぞれの分類表によってそれぞれの列挙順序がある。また，件名標目表については，主標目の選定法，その細分法などにしたがって，資料の主題にふさわしい件名を選定し，件名標目の語列を構成する。

本書では，日本において主題目録のための標準的なツールとされている『日本十進分類法（NDC）新訂 10 版』および『基本件名標目表（BSH）第 4 版』を用いた演習を行うこととする。

■注・引用文献――

(1) 日本図書館協会分類委員会編『日本十進分類表　新訂 10 版』 相関索引・使用法編 日本図書館協会，2014, pp. 268-269

第10章
分類作業

第1節　日本十進分類法（NDC）新訂10版の概要

1　概　要

主類の配列は，カッター（Cutter, C. A., 1837-1903）の展開分類法（EC）を参考にしている。

　　0　総記／1　哲学／2　歴史／3　社会科学／4　自然科学／5　技術／6　産業／
　　7　芸術／8　言語／9　文学

項目全体は日本の学問・出版状況を考慮して構成（例：キリスト教は神道や仏教と同列に配置，日本史・日本地方史は細分化，語学・文学で日本語および中国語を英・独・仏語などと同格）している。

分類法の類型に従えば，一般分類表，標準分類表，数字のみの純粋記号法による十進分類法，列挙型分類法，観点分類表である。

2　記号法

DDC にならって十進記号法を採用。知識の総体を9区分して，1から9まで記号を当て，0を総記とする。以下，各区分肢について同様に繰り返す。1桁および2桁の場合には0を補って3桁にし，3桁を超える場合には，3桁目にピリオドを置く。数字は大きさを表す自然数ではなく，ピリオドは記号を見やすくするための便宜的なもの。記号の読み方は370「サンナナゼロ」と読む。

記号の桁数は，概念の深度を示している。ただし，表全体を通じて必ずしも徹底しているわけではない。また，DDC と比較した場合，記号の特定性の度合は低く，注記などによる表の説明が不十分である。

以下のように，十進の制約からの区分調整がなされている。ギリシャ神話のプロクル

ステスのように，寸法に合わないものは，足を切ったり伸ばしたりして，9区分という長さのベッドに寝かせる工夫をしているのである。

① 9を超える場合：a.関連性の高いものを同一記号にまとめる，b.最後の9をその他とする

② 9に満たない場合：下位の概念を昇格させる

③ 中間見出し　〈　　　〉

「分類記号／分類記号および項目の名辞」をフランスパーレンで括った見出しのことであり，その分類記号の範囲に置かれた分類項目を明示している。途中から直前までの分類項目とは異なる区分特性により分類される項目（同格の異なる概念）を同居させ，その範囲（枠組み）に納まるよう工夫している。

〈例示〉

010	図書館. 図書館情報学
011	図書館政策. 図書館行財政
012	図書館建築. 図書館設備
013	図書館経営. 管理
014	情報資源の収集. 組織化・保存
015	図書館サービス. 図書館活動

〈016/018　各種の図書館 ＞

016	各種の図書館
016.1	国立図書館
016.2	公共図書館
016.3	官公庁図書館, 議会図書館
016.4	団体・企業内の図書館
016.5	その他の図書館
017	学校図書館
017.7	大学図書館. 学術図書館
018	専門図書館
019	読書. 読書法

3　分類表の構造

　第1次区分は「類目表」，第2次区分は「綱目表」，第3次区分は「要目表」，要目以下の「小目」を含む最も詳細な表は「細目表」と呼ばれ，以下の図10.1のような構造になっている。上から3桁目にピリオドを打つことにより，ピリオド以下は，あたかも

小数部分のように，理論的には下位に何桁でも展開し詳細化できるようにしている。すでに述べたように，類（1桁）および綱（2桁）の場合には0を補って3桁にする。

「中学校の歴史についての学習指導」という主題は，類目表では300，綱目表では370，要目表では375，細目表では375.323に分類されるのだが，この階層構造を上位から下

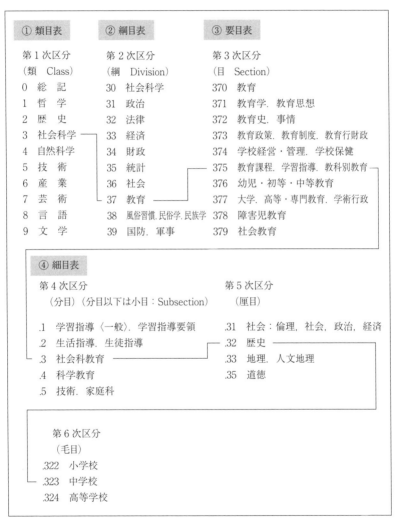

図 10.1　分類表の階層構造

位にたどってみると，図 10.1 のようになる。

　表の概念体系や各類の特徴を知るためには，まず「各類概説」(1) を読み，細目表に当たりながら，各類における区分特性を把握し，構造を理解しなくてはならない。NDCの場合はその構造が単純で論理的に明確な部分と，特例的な措置がなされ論理的でない部分が混在している。例えば，哲学，宗教，歴史，伝記，地理，言語，文学の各分野では区分（ファセット）が明確であるが，それに対して社会科学，自然科学，工学等の構造は複雑であり，その分野固有の区分を理解する必要がある。特に，経済と産業が分離していること，工業が工学・技術のなかで取り扱われること，情報科学，情報工学，情報通信産業分野が分かれていること等について注意したい。

［演習問題］
p.184, p.186, p.188 の【演習問題】における，各項目の主題（主題概念）について類目表，綱目表，要目表，細目表を使用してそれぞれの分類記号を与えなさい。

4　補助表

　NDC は列挙型分類表であるが，すべての主題項目を列挙しようとすると大部なものになるだけでなく，それは不可能に近い。そのため列挙型分類表も，共通する項目については補助表を用意し，本表のみでは主題を表現し尽くせない場合に，本表の記号に付加して，記号を合成できるようにしている。これを番号構築（ナンバービルディング）と呼ぶ。基本的に細目表の分類記号を基礎記号とし，それに補助表の記号を付加する方法が用意されている。補助表には，「一般補助表」と「固有補助表」がある。

　以下に，『日本十進分類表（NDC）新訂 10 版』（以下，NDC と略す）の「序説」(2) によりながら，各補助表の概要について説明する。

(1)　一般補助表 (3)

　形式区分，地理区分，海洋区分および言語区分の 4 種類が用意されている。全分野に共通に適用可能なものから，ある特定の類（部分的であっても 2 つ以上の類）でのみ使用されるものがある。

1）形式区分

　形式区分には，表 10.1 に示したようなものがある。

① 内形式と外形式

　形式区分を性質によって内形式（理論的，叙述的形式　例：-01 理論的・哲学的叙述，-02 歴史的地域的叙述）と外形式（出版形式等　例：-05 逐次刊行物）に二分し，書架分類には外形式を優先する考え方がある。しかし，この運用については異論もある。

② 形式区分の使用

　これらの形式区分は，原則として，細目表のすべての分類項目に付加することが可能である。

　　（例）　科学史・事情　402　［要目表，細目表に事項名として挙がっている］

　　　　　地学史　　　　　450.2

　　　　　地震学史　　　　453.02

　　　　　地震観測史　　　453.302

　しかしながら，形式区分の主要な目的は，主題を詳細化したり，参考図書等を別置したりすることであり，論理的に可能であるからといって，むやみに使用することはさし控えたい。

③ 分類記号の末尾などの0とピリオド

　分類記号の末尾が0の場合や，さらにその上の桁も0の場合は，0を取り去ってから付加する。付加した結果，全体が4桁以上になる場合は，冒頭から3桁目にピリオドを打つ。

　　（例）　心理学辞典：心理学（140）の辞典（形式区分－033）

　　　　　14　＋　033　＝　140.33

　　　　　技術史：技術（500）の歴史（形式区分－02）

　　　　　5　＋　02　＝　502

④ 使用にあたって注意すること

A　0を重ねる場合

次の場合は0を重ねて使用する。

a）2類（歴史）における各国・各地域の歴史のうち，時代区分と抵触する場合は，0を重ねる。ただし，時代区分の後に形式区分を重ねる場合はその必要はない。

　　（例）　古墳時代　　　210.32

　　　　　日本史年表　　210.032

b）時代を表す番号が細目表中に用意されている箇所

332（経済史），362（社会史），523（西洋建築），702（美術史），723（洋画），762（音楽史），902（文学史）も各分類項目の時代区分と抵触するので，0を重ねて付加する。

　　（例）　美術史事典　　702.0033

　　　　　古代美術史　　702.03

c）319（外交），678.2（貿易史・事情）では2国間の国際関係を扱う場合地理区分の後，0を介して相手国によって細分するので，0を重ねなければ，形式区分を付加できない。

　　（例）　米国外交史年表　319.530032

表 10.1　形式区分

-01　理論．哲学
-012　学史．学説史．思想史
-016　方法論
-019　数学的・統計学的研究
　　　　＊年次統計→ -059
-02　歴史的・地域的論述
　　　　＊地理区分
-028　多数人の伝記
　　　　＊3人以上の伝記に，使用する
　　　　＊人名辞典→ -033；名簿→ -035
-029　地理学的論述．立地論
　　　　＊特定地域に限定されているものには，-02を使用する
-03　参考図書［レファレンス　ブック］
　　　　＊逐次刊行される参考図書には，この記号を使用する
-031　書誌．文献目録．索引．抄録集
-032　年表
-033　辞典．事典．引用語事典．用語集．用語索引［コンコーダンス］
　　　　＊項目が五十音順など一定の音順に配列されているものに，使
　　　　　用する
-034　命名法［命名規則］
-035　名簿［ダイレクトリ］．人名録
　　　　＊団体会員名簿→ -06；研究調査機関の構成員の名簿→ -076；
　　　　　教育・養成機関の構成員の名簿→ -077
-036　便覧．ハンドブック．ポケットブック
-038　諸表．図鑑．地図．物品目録［カタログ］
　　　　＊文献目録→ -031
-04　論文集．評論集．講演集．会議録
　　　　＊（1）非体系的または非網羅的なものに，使用する；体系的
　　　　　または網羅的なものには -08を，逐次刊行されるものには
　　　　　-05を使用する；
　　　　　（2）当該主題を他主題との関連から扱ったもの，または特
　　　　　定の概念・テーマから扱ったものに，使用する
-049　随筆．雑記
-05　逐次刊行物：新聞，雑誌，紀要
　　　　＊逐次刊行される参考図書には，-03を使用する；ただし，逐
　　　　　次刊行される論文集などには，この記号を使用する
-059　年報．年鑑．年次統計．暦書
-06　団体：学会，協会，会議
　　　　＊概要，事業報告，会員名簿など，個々の団体自身を扱ったも
　　　　　のに，使用する；ただし，研究調査機関を扱ったものには
　　　　　-076を，教育・養成機関を扱ったものには -077を使用する
　　　　＊会議録，研究報告→ -04，-05；紀要→ -05
-067　企業体．会社誌
-07　研究法．指導法．教育
-075　調査法．審査法．実験法

```
-076  研究調査機関
        ＊概要，事業報告，構成員の名簿など，個々の機関自身を扱っ
         たものに，使用する
        ＊会議録，研究報告→ -04，-05；紀要→ -05
-077  教育・養成機関
        ＊概要，事業報告，構成員の名簿など，個々の機関自身を扱っ
         たものに，使用する
        ＊会議録，研究報告→ -04，-05；紀要→ -05
-078  教科書．問題集
-079  入学・検定・資格試験の案内・問題集・受験参考書
-08   叢書．全集．選集
        ＊体系的または網羅的なものに，使用する；非体系的または非
         網羅的なものには，-04 を使用する
        ＊単冊の全集などにも使用する
-088  資料集
```

　　　　日本貿易辞典　　　　678.210033

B　0 を除く場合（短縮形）

　-01 および -02 に関しては，細目表に短縮形を指示された場合に限り，0 を省略する。これは，よく使われる項目で番号が長くなることを防ぐための措置である。

　　（例）　政治学　　　　311（310.1 に ［.1 → 311］ と指示）

　　　　　　絹工業史　　　586.42（586.4 に ［.402 → 586.42］ と指示）

C　複数の形式区分

　複数の形式区分を使用して組み合わせることについては，一般的にその適用する形式区分の優先順位の基準がなく，記号が複雑になるので避けた方がよい。細目表中にあらかじめ列挙されている形式区分について，重ねて形式区分を使用する程度が許容範囲である。また，形式区分の適用順序を内形式優先とする考え方があるが，現実的でない場合もある。

［演習問題］
　次の主題について，形式区分を使用し分類記号を与えなさい。

　1．図書館学文献一覧　　　　　2．出版ハンドブック
　3．心理学辞典　　　　　　　　4．宗教社会学論集
　5．西洋の歴史叢書　　　　　　6．東洋史学会

7. アメリカ経済史辞典（アメリカについては次に学ぶ「地理区分」が必要となる。）

8. 学術用語集　法律学編

9. 文化人類学に関する雑誌

10. 物理学選集

11. 東洋医学名鑑

12. 内科学の歴史年表

13. 日本の建築家名鑑

14. 草花についての随筆

15. 運輸統計

16. 歌舞伎上演目録

17. 世界昆虫図鑑

18. 英語に関する辞典（この辞典は，後で学ぶ「英和辞典」「和英辞典」のような固有補助表「言語共通区分」の「－3　辞典」とは異なる。）

19. 銀行協会の50年

20. 広告便覧

2) 地理区分

地理区分は，特定の地域や国に限定される主題が扱われている場合に，必要に応じてその地域を表す番号を付与するものである。

① 地理区分の一般的使用

通常は，形式区分の「歴史・事情」を表す -02 を介し，原則として，細目表中のすべての項目に地理区分の番号を付加することができる。

（例）　ドイツ医学史　　490.234

②「＊地理区分」および「＊日本地方区分」

A　地理区分を直接付加する場合

地理区分として重要な場合は「＊地理区分」と指示されている箇所であり，当該分類記号に直接地理区分を付加する。

（例）　遠野の民話　　　　　388.122

　　　　房総半島地形誌　　　454.9135

B　日本の各地方，都道府県

「＊日本地方区分」と指示された場所では，当該分類記号に地理区分のうち，日本を意味する 1 を省いて，各地方または各都道府県の記号のみを付加する。

（例）　東京都議会　　318.436

③ 使用にあたって注意すること

A　0を除く場合（短縮形）

-02 を介して地理区分する際に，細目表に短縮形を指示された場合に限り，0 を省略する。これは，よく使われる項目で番号が長くなることを防ぐための措置である。

B 特定の地理区分

細目表に特定の地理区分がすでに用意されている場合はそれを用い，地理区分は使用しない。

（例1）　728.2　　書道史．書家および流派

　　　　　　.21　　日本

　　　　　　.22　　中国

（例2）　751.02　　陶磁器史

　　　　［.021］　日本陶磁器史→751.1

　　　　［.022］　東洋陶磁器史→751.2

　　　　［.023］　西洋陶磁器史→751.3

[演習問題]
次の主題について，地理区分を使用して分類記号を与えなさい。

1. アジアの国立図書館	2. アメリカの宗教
3. ヨーロッパの社会思想史	4. 和歌山県議会の50年
5. ドイツの大学	6. 日本の生涯教育の発展
7. 関東地方の自然	8. 日中貿易事情
9. フランスの民法	10. イギリスの公務員
11. 大阪府の一般統計書	12. 日本の洋風建築
13. イギリスの鉄鋼業界	14. ノルウェーの水産業
15. 黒田清輝の絵画	16. 東北弁の特徴
17. 韓国の地方自治	18. オーストラリアの鳥
19. 日本の東南アジア外交	20. アルゼンチンの演奏家

3) 海洋区分

海洋区分は陸地を表す地理区分と併用できない。適用箇所は海洋気象誌（451.24），海洋誌（452.2）および海図集（557.78）のもとに限られている。

　（例）　南太平洋誌　　　　　452.23

　　　　ペルシャ湾水路誌　　557.7845

4) 言語区分

8類（言語）における世界の言語の分類記号から冒頭の8を除いたものが言語区分の番号となる。9類（文学）において数字9に付加して，各言語の文学の分類記号として使用されている。

（例）　デンマーク文学　　　　949.7

① 「＊言語区分」

細目表に「＊言語区分」の注記がある分類項目（百科事典（03），論文集（04），逐次刊行物（05），叢書（08），商用語学（670.9））では直接付加することができる。

（例）　オランダ語で書かれた雑誌　054.93

② 890/899 に属する言語の言語区分

03，04，05 では，039 が一般索引，049 が雑記，059 が年鑑として使用され，言語区分の一部が抵触し使用できない。890/899 に属する言語については，それぞれ038.99，048.99，058.99 を冠し，使用する。

（例）　エスペラントで書かれた百科事典　　　038.99991

(2)　固有補助表 [3]

一つの類の一部分についてのみ，共通に使用される補助表で，次の 10 箇所に用意されている。

① 神道各教派（178）の共通細区分表

（例）　金光教大津教会開教百年　　　178.77

② 仏教各宗派（188）の共通細区分表

（例）　天台止観成立史の研究（大野栄人）　　　188.41

③ キリスト教各教派（198）の共通細区分表

（例）　イギリス革命の宗教思想　グリフィンの研究（山田園子）　　　198.52

④ 日本の各地域の歴史（211/219　沖縄県を除く）における時代区分

⑤ 各国・各地域の地理，地誌，紀行（291/297）共通細区分表

（例）　礪波平野の村落地理　　　291.420176

⑥ 各種の技術・工学（510/589）における経済的，経営的観点の細区分表

（例）　配管工事業の経営学　　　528.18095

⑦ 様式別の建築における図集（521/523）

⑧ 写真・印刷を除く各美術（700/739，750/759）の図集に関する共通細区分表

（例）　仏像図集　　　718.087

⑨言語共通区分

言語共通区分は 8 類（言語）の各言語のもとで，言語学の共通主題区分として使用する。ただし，言語の集合（諸語）および分類記号を複数の言語で共有している言語には付加しない。

（例）　日本語文法　　　　　　815　［要目表，細目表に展開］

アイヌ語文法　　　　　　829.25

インドネシア語の辞典　　　829.42（829.42<u>3</u> とはできない。）

⑩ 文学共通区分

　文学共通区分は 9 類（文学）の各言語の文学のもとで，文学形式および作品集の共通区分として使用する。ただし，言語の集合（諸語）および分類記号を複数の言語で共有している言語による文学には付加しない。

　　（例）　中国語の詩　　　　　　921　［要目表，細目表に展開］
　　　　　　スウェーデン語の戯曲　949.82
　　　　　　インドネシア語の小説　929.42（929.42<u>3</u> とはできない。）

　また，NDC では細目表の一部に「＊・・・のように区分」といった，記号の組み合わせに関する特別の指示がなされている箇所があり，そこでは，細目表の他の部分の記号を付加して番号構築を行うことができる。

　　（例）　318.3　　地方公務員．人事行政
　　　　　　　　　　　　　　　　　＊ 317.3 のように区分　例：318.34 地方公務員の給与

[演習問題]
　次の主題について，言語区分，言語共通区分および文学共通区分を使用して，適切な分類記号を与えなさい。

　　1.　カナダの英語雑誌
　　2.　メキシコの百科事典（メキシコはスペイン語）
　　3.　朝鮮語の文法
　　4.　アラビア語会話
　　5.　ラテン語で書かれた詩
　　6.　ギリシャ古典悲劇作品集
　　7.　ドストエフスキーの『作家の日記』
　　8.　梵文学入門
　　9.　北欧の童話集
　　10.　ドイツ文学史年表（形式区分の「− 032　年表」も考えてみると）

5　相関索引（Relative index）[4]

　ことばから分類記号を探すための索引である。本表においては観点や分野によって分散してしまう主題を，この相関索引において一つに集中する仕組みをもっている。逆にいえば，NDC は観点分類表であり，ある主題が各種の観点によって分類記号を異にすることがわかる。その観点は，索引語に丸かっこで付された限定語によって示される。

観点の相対的関係に留意した索引という意味で相関索引と呼ばれる。

  （例）　結婚（男性・女性問題）367.4

　　　　〃（統計）　　　　　358

　　　　〃（民俗）　　　　　385.4

　　　　〃（民法）　　　　　324.62

　　　　〃（倫理）　　　　　152.2

　よく検索される合成語については，その便宜を考慮し双方から検索できるようにしている。

  （例）　経営　　　　　　335

　　　　工業経営　　　　509.5

　　　　交通経営　　　　681.4

　　　　商店経営　　　　673

　　　　農業経営　　　　611.7

　この例では，工業経営，交通経営，商店経営，農業経営からも直接検索できるようになっている。

　細目表に採用されている用語だけでなく，基本件名標目表（BSH），国立国会図書館件名標目表（NDLSH）や各種書誌なども参照して広く収録するように努めている。

第2節　NDC の分類規程

1　分類規程

　分類作業の第一歩は，主題分析により把握した分類対象資料の要約主題をもっとも的確に示す分類項目を細目表から選びだし，その分類記号を付与することである。しかし，主題の種類（第9章「主題目録作業」第1節「主題分析」4「主題の種類」参照）に応じて，その方法も異なる。

(1)　基礎主題または単一主題

　細目表中にあらかじめ用意されている分類項目のなかからその主題に最も適した分類項目を選択する。

(2)　複数主題・複合主題・混合主題・形式

　NDC では，基本的に細目表中の分類項目の記号同士を組み合わせるのではなく，複雑な主題の組み合わせに合致する分類項目をあらかじめ用意しておくことで対応を図っている。例えば，「複合主題」は多くの場合 NDC があらかじめ定めた「引用順序」に基づき，階層構造の形で細目表中に分類項目として列挙表示されている。「混合主題」

の場合には，個々の主題の分類項目の用意は大方なされているが，それらを組み合わせた複雑な主題に合致した分類項目は用意されていないことが多い。そこで，主題を構成する各要素に当てはまる分類項目の中からどの分類項目を優先して選択するのかを首尾一貫して決定するための「優先順序」に関する分類規程が必要となる。

なお，細目表に補助表の記号を付加（番号構築）して「複合主題」を表現したり形式による細分が求められるので，首尾一貫した分類記号を作成するためには，それらを組み合わせる際の「引用順序」に関する分類規程も必要となる。

NDC の分類規程（分類基準または分類コードとも呼ばれる）は，「『日本十進分類法新訂 10 版』の使用法」の「Ⅰ NDC の一般的な適用について　2　分類規程」[5]に詳述されている。以下にそれを引用し，紹介するので，分類作業のガイドラインとして使用されたい。

2　一般分類規程

(1)　主題の観点

①　主題の観点による分類

NDC は観点分類法であるので，まず主題の観点（学問分野）を明確にし，その観点の下に用意された主題に分類することが重要である。

②　複数の観点からみた主題

主題を著者がどんな観点に立って見ているかによって分類するのであるが，その観点が 2 以上（学際的著作）となったとき，主になる観点が明らかならば，その観点に分類する。例えば，米という主題を生産から見た米（稲作 616.2），流通から見た米（611.33），調理から見た米（596.3）という複数の観点から取り扱った資料の場合はどうするか。そのなかに主になる観点が一つ明らかならば，その観点の下に分類する。

しかし，主になる観点が不明なときは，その主題にとって最も基本となる分類項目，つまり，より基礎的，あるいは目的を示す観点の下に分類する。例えば，上記の資料がこのケースに当てはまる場合には，より基礎的な観点である生産から見た米（稲作 616.2）を選択することになる。

なお，総記（0 類）の分類記号を選択する可能性も見落としてはならない。

観点が 2 以上の場合は，書誌分類記号として，それぞれの観点の下の分類記号を分類重出することを考えたい。

(2)　主題と形式概念の区別

資料はまず主題によって分類する。次いで必要があれば，主題を表す叙述または編集・出版形式（−01/−08）によって細分する。主題による分類は，細目表よりその主題を最も詳細・的確に表す分類項目を選択し，その分類記号を付与する。その後に形式を必

要に応じて一般補助表Ⅰ（形式区分）から選択し，主題の分類記号に付加する。

　（例）教育名著叢書　　教育叢書（370.8）とし，一般叢書（080）または社会科学叢書

　　　　（308）としない。

　ただし，総記（0類）の030（百科事典），040（論文集），050（逐次刊行物），080（叢書）については編集・出版形式，文学作品（9類）については言語区分のうえ，文学共通区分という文学形式，芸術作品（7類）については芸術の表現形式によって分類する。

(3) 原著作とその関連著作

① 原　則

　特定著作の翻訳，評釈，校注，批評，研究，解説，辞典，索引などは，原著の分類される分類項目に分類する。

　（例）　やまとうた－古今和歌集の言語ゲーム（小松英雄）

　　　　　　　　　　　→古今和歌集（911.1351）

　　　　　　近松語彙（上田万年・樋口慶千代）　　→浄瑠璃（912.4）

② 語学学習書

　語学（日本語古典を含む）の学習を主目的とした対訳書，注解書の類は，主題または文学形式にかかわらず，学習される言語の解釈，読本として分類する。

　（例）　若草物語（オルコット原作　萩田庄五郎訳注）　　→英語読本（837.7）

③ 翻案，脚色

　原作の分類項目とは独立して，翻案作家，脚色家の作品として分類する。

　（例）　戯曲・赤と黒（スタンダール原作　大岡昇平脚色）

　　　　　　　　　　→近代日本の戯曲（912.6）

④ 特定意図による抄録

　（例）　回想の織田信長 ── フロイス「日本史」より（松田毅一，川崎桃太編訳）

　　　　　　　　→個人の伝記（289）

　原著作に分類される資料の場合は，関連著作の分類記号を，関連著作に分類される資料の場合には，原著作の分類記号を必要に応じて書誌分類記号として分類重出することも考えたい。

(4) 複数主題

　一つの著作で，複数の主題を取り扱っている場合，そのうち1主題が特に中心として取り扱われている場合は，中心となる主題の下に分類する。

　（例）　胃癌の話　付：食道癌と腸癌　　→胃癌（493.45）

　しかし，2または3個の主題を取り扱っていて，どの主題も特に中心となる主題がない場合は，最初の主題に分類する。

（例）　桃・栗・柿の園芸技術　　→桃（625.51）

　もし４以上の主題を取り扱い，特に中心となる主題がない場合は，それらを含む上位の主題の下に分類する。

　（例）　アルミニウム・マグネシウム・チタニウム・ベリリウムとその合金

　上記４種の金属を含む上位の主題である軽金属（565.5）に分類する。この取り扱いは合刻書，合綴書についても適用する。

　（例）　（３種の図書の合刻）

　　　　佐州金銀採製全図　山尾鶴軒［画］　先大津阿川村山砂鉄洗取之図

　　　　［萩藩絵師画］　鼓銅図録　丹羽桃渓画　増田鋼録　葉賀三七男解説

　　　　恒和出版　1976　（江戸科学古典叢書１）

　　　　「佐州－」は金鉱山（562.1），「先大津－」は鉄鉱（562.6），「鼓銅－」は銅冶金（565.2），であるが第１著の主題である金鉱山（562.1）に分類

　（例）　（４種の図書の合刻）

　　　　般若心経・法華経・華厳経・勝鬘経合巻

　　　　仏典「般若心経」は般若部（183.2），「法華経」は法華部（183.3），「華厳経」は華厳部（183.4），「勝鬘経」は宝積部（183.5）にそれぞれ分類されるが，四経合巻ゆえ経典（183）に分類する。

　ただし，特に中心となる主題がない２または３個の主題を取り扱っている場合でも，それらが，ある主題を構成する主要な下位区分からなる資料の場合には，上位の主題の分類記号を付与する。例えば，動物誌（482）と植物誌（472）を対等に取り扱った資料の場合，最初の主題である動物誌の分類記号を付与するのではなく，その両者を含む上位の主題である生物誌（462）の分類記号を付与する（生物誌の主要な下位区分は，動物誌と植物誌の２つのみである）。

　書誌分類記号としては，複数の主題それぞれに対応する複数の分類記号を必要に応じて分類重出することが望ましい。

(5)　主題と主題との関連

　通常は独立している主題同士が相互に結びついた主題の場合は，次のとおりに取り扱う。

① 影響関係

　一つの主題が他の主題に影響を及ぼした場合は，原則として影響を受けた側に分類する。

　（例）　浮世絵のフランス絵画への影響　　→フランス絵画（723.35）

　しかし，個人の思想・業績が多数人に及ぼした影響については，個人の側に分類する。

（例）　白楽天の日本文学への影響　　→唐詩（921.43）

② **因果関係**

主題間の因果関係を取り扱ったものは，原因ではなく，結果のほうに分類する。

（例）　地震と鉄道（日本鉄道施設協会）　　→鉄道建設（516）

③ **概念の上下関係**

上位概念の主題と下位概念の主題とを扱った図書は，上位の主題に分類する。

（例）　原子力・原子炉・核燃料　　→原子力工学（539）

ただし，上位概念が漠然としているとき，下位概念により分類する。

（例）　禅と日本文化（鈴木大拙）　　→禅（188.8）

④ **比較対照**

比較の尺度として使われている側でなく，その尺度によって比較されている対象の側（著者の重点）に分類する。

（例）　イギリス人と日本人（ピーター・ミルワード）　　→日本人（302.1）

⑤ **主題と材料**

特定の主題を説明するために，材料として取り扱われたものは，その材料のいかんを問わず，説明している特定主題によって分類する。

（例）　ショウジョウバエの遺伝と実験（駒井卓）　　→実験遺伝学（467.2）

⑥ **理論と応用**

a. 特定主題の理論と応用を扱ったものは，応用に分類する。

（例）　液晶とディスプレイ応用の基礎（吉野勝美・尾崎雅則）

→電子装置の応用（549.9）

b. 特定理論の特定主題への応用はその応用に分類する。

（例）　推計学による寿命実験と推計法（田口玄一）　　→生命表（339.431）

多数の主題に応用された場合で，応用部門を総合的に収める分類項目があれば，そこに収める。

（例）　応用物理データブック（応用物理学会）　　→応用物理学（501.2）

ただし，適当な分類項目がない場合は，理論の場所に収める。

（例）　応用微生物学（村尾沢夫，荒井基夫共編）　　→微生物学（465）

⑦ **主題と目的**

特定の目的のために（特定主題分野の利用者のみを対象として）著わされた資料は，原則としてその目的とした主題の下に分類する。

（例）　国語教育のための基本語彙　　→国語教育（375.8）

（例）　介護のための心理学入門（岸見一郎）　　→老人福祉（369.26）

ただし，基本（重点がおかれる）となる主題に関する一般的概論，つまり基本となる主題の解説（入門書的性格）であることも多い。この場合には，目的とした主題ではなく，基本となる主題の下に分類する。

　（例）　介護のための医学知識（日本訪問看護財団）　→医学（490）

書誌分類記号としては，関係している主題それぞれを分類重出することが望ましい。

⑹　新主題

分類項目が用意されていない主題に関する著作は，その主題と最も密接な関係があると思われる主題の分類項目，または階層の上位にある包括的クラスの分類項目に分類する。あるいは新しい分類項目を設けて分類する。

3　各館分類基準

各図書館で固有の分類規程を定め，分類作業の基本的要領，分類の決定，分類表中の名辞や用語の解釈，概念の適用範囲，新主題の設定等のための指針を作成することがある。

以下に，代表的な例として「国立国会図書館の分類基準」を紹介する。

〈国立国会図書館「日本十進分類法（NDC）新訂10版」分類基準〉[6]

同館は全国書誌の作成機関であり，標準的な目録の提供はその役割の一つである。この分類基準も，目録の作成にあたって構築されたものであり，各図書館での分類作業にも参考とすべきものが多数含まれている。

［演習問題］
　次の図書に，『日本十進分類表（NDC）新訂10版』の細目表と補助表（一般補助表，固有補助表）を使用して適切な分類記号を与えなさい。

⑴　総　記
　①　情報社会学概論／公文俊平編著　NTT出版
　②　情報セキュリティー入門／羽室英太郎著　慶應義塾大学出版会
　③　バーチャルリアリティ学／日本バーチャルリアリティ学会編；舘暲，佐藤誠，廣瀬通孝監修　日本バーチャルリアリティ学会
　④　絵本で世界を旅しよう：くぼっち文庫の100冊／久保良道著　文芸社
　⑤　中国日用類書史の研究／酒井忠夫著　国書刊行会
　⑥　全集・叢書総目録　2005-2010 5／日外アソシエーツ株式会社編　日外アソシエーツ
　⑦　都立図書館協力ハンドブック　平成23年度版／東京都立中央図書館管理部企画

経営課編　東京都立中央図書館管理部企画経営課

⑧　美術館・博物館で働く人たち：しごとの現場としくみがわかる／鈴木一彦著　ぺりかん社

⑨　記者クラブ：情報カルテル／ローリー・アン・フリーマン著；橋場義之訳　緑風出版

⑩　わかりやすい新聞販売の諸規則／新聞公正取引協議委員会編　新聞公正取引協議委員会

(2)　哲学・宗教

①　あたらしい哲学入門：なぜ人間は八本足か？／土屋賢二著　文藝春秋

②　声に出して読みたい論語／齋藤孝著　草思社

③　怒りのセルフコントロール：感情への気づきから効果的コミュニケーションスキルまで／マシュー・マッケイ，ピーター・D．ロジャーズ，ジュディス・マッケイ著；坂本輝世訳　明石書店

④　行動分析学研究アンソロジー　2010／日本行動分析学会編　星和書店

⑤　鎌倉期官人陰陽師の研究／赤澤晴彦著　吉川弘文館

⑥　倫理とは何か：猫のアインジヒトの挑戦／永井均著　筑摩書房

⑦　エジプトの神々／ジョージ・ハート著；鈴木八司訳　学芸書林

⑧　中世天照大神信仰の研究／伊藤聡著　法藏館

⑨　弘法大師伝／中村孝也著　慧文社

⑩　完訳ドン・ボスコ伝／テレジオ・ボスコ著；サレジオ会訳　ドン・ボスコ社

(3)　歴史，地理

①　世界史的考察／ヤーコプ・ブルクハルト著；新井靖一訳　筑摩書房

②　日本中世土師器の研究／中井淳史著　中央公論美術出版

③　明治維新と横浜居留地：英仏駐屯軍をめぐる国際関係／石塚裕道著　吉川弘文館

④　神奈川の考古学・最近の動向／神奈川県考古学会編　神奈川県考古学会

⑤　図説朝鮮戦争／田中恒夫著　河出書房新社

⑥　近代イギリスの歴史：16世紀から現代まで／木畑洋一，秋田茂編著　ミネルヴァ書房

⑦　戦国期権力佐竹氏の研究／佐々木倫朗著　思文閣出版

⑧　岩崎彌太郎：治世の能吏，乱世の姦雄／小林正彬著　吉川弘文館

⑨　郷土ゆかりの人物総覧：データブック・出身県別3万人／日外アソシエーツ株式会社編　日外アソシエーツ

⑩ 国内観光資源ハンドブック／勝岡只著　中央書院

(4) 社会科学

① スペイン文化事典／川成洋，坂東省次編　丸善

② EU・ヨーロッパ統合の政治史：その成功と苦悩／児玉昌己著　日本放送出版協会

③ 統一地方選挙要覧．平成23年版／国政情報センター編　選挙制度研究会監修　国政情報センター

④ 日本政治の政策過程／中村昭雄著　芦書房

⑤ 英国の弁護士制度／吉川精一著　日本評論社

⑥ 企業取引に関する基礎的な法知識：商法総則・商行為法のやさしい解説／コンパッソ税理士法人編　松岡啓祐著　財経詳報社

⑦ 尖閣，竹島，北方四島：激動する日本周辺の海／中名生正昭著　南雲堂

⑧ 資本主義はどこへ向かうのか：内部化する市場と自由投資主義／西部忠著　NHK出版

⑨ ドラッカー経営学：図解雑学：絵と文章でわかりやすい！／藤屋伸二著　ナツメ社

⑩ 公共経済学入門／上村敏之著　新世社

⑪ 子どもと暴力：子どもたちと語るために／森田ゆり著　岩波書店

⑫ 近代国語教育史研究／野地潤家著　渓水社

⑬ 登校拒否児たちが語る学校への「歴史的悲願像」：不登校児は，戦後史の語部であった／重見法樹著　東京図書出版会

⑭ 長崎奉行のお献立：南蛮食べもの百科／江後迪子編　吉川弘文館

⑮ 日露戦争陸戦の研究／別宮暖朗著　筑摩書房

(5) 自然科学

① 経営系学生のための基礎統計学／塩出省吾，今野勤著　共立出版

② 図形科学：空間・立体・投象／宮崎興二，小高直樹著　朝倉書店

③ ユングの〈宇宙人UFO未来〉シンクロニシティ／コンノケンイチ著　徳間書店

④ ホーキング，宇宙と人間を語る／スティーヴン・ホーキング，レナード・ムロディナウ著　佐藤勝彦訳　エクスナレッジ

⑤ 鉱物分類図鑑：見分けるポイントがわかる／青木正博著　誠文堂新光社

⑥ 野草雑記／柳田国男著　岩波書店

⑦ 図解・感覚器の進化：原始動物からヒトへ水中から陸上へ／岩堀修明著　講談社

⑧ 北海道の全魚類図鑑／尼岡邦夫，仲谷一宏，矢部衞著　北海道新聞社

⑨ うつ病治療ハンドブック：診療のコツ／大野裕編　金剛出版

⑩ 薬剤師のための医療制度論／坂巻弘之著　ムイスリ出版

(6) 技術，工学

① JIS総目録：JISハンドブック．2011／日本規格協会編　日本規格協会

② 英文テクニカルライティング70の鉄則：わかりやすく，読み手に正しく伝わる
英語はこう書く／中村哲三著　日経BP社

③ 中国エネルギー事情／郭四志著　岩波書店

④ インテリアと空間演出の基礎知識／内堀繁生編著　鹿島出版会

⑤ 日本建築史図集／日本建築学会編　彰国社

⑥ 「はやぶさ」からの贈り物：全記録・小惑星イトカワの砂が明かす地球誕生の
秘密／朝日新聞取材班著　朝日新聞出版

⑦ スマートフォン戦争／福多利夫著　毎日コミュニケーションズ

⑧ 例題で学ぶ自動制御の基礎／鈴木隆，板宮敬悦共著　森北出版

⑨ サロンワークのための美容用語辞典／女性モード社編　女性モード社

⑩ はじめてのベトナム料理：ふだんのごはんとおつまみ，デザート／足立由美子，
伊藤忍，鈴木珠美著　柴田書店

(7) 産　業

① 東北における産学官連携：二十一世紀の東北を考える懇談会の軌跡／佐藤利三
郎，本村昌文，吉葉恭行編著　東北大学出版会

② 日本産業館公式記録：上海万博：夢と歴史が創った：2010.5.1 〜 10.31／中国
2010年上海万国博覧会／上海万国博日

③ 盛岡藩宝暦の飢饉とその史料／細井計著　東洋書院

④ アメリカの国立公園法：協働と紛争の一世紀／久末弥生著　北海道大学出版会

⑤ 有機・無農薬の野菜づくり／福田俊著　西東社

⑥ 檜／有岡利幸著　法政大学出版局

⑦ クレジットカード用語事典／末藤高義著　民事法研究会

⑧ 全国ブティック名鑑．2011／ボイス情報株式会社企画開発部マーケティング課
調査・編集　ボイス情報

⑨ 交通基本法を考える：人と環境にやさしい交通体系をめざして／交通権学会編
かもがわ出版

⑩ 「鉄学」概論：車窓から眺める日本近現代史／原武史著　新潮社

(8) 芸術，美術

① 興福寺創建期の研究／小林裕子著　中央公論美術出版

② 鑑賞のためのキリスト教美術事典／早坂優子著　視覚デザイン研究所

③ 100 人で語る美術館の未来／福原義春編　慶應義塾大学出版会

④ 宇宙をめざした北斎／内田千鶴子著　日本経済新聞出版社

⑤ 走れメロス／太宰治原作；宗真仁子漫画　女生徒／太宰治原作；宗真仁子漫画
金の星社

⑥ マイセン磁器の 300 年：国立マイセン磁器美術館所蔵／池田まゆみ，スザンヌ・
トレーリス監修　サントリー美術館，松本市美術館，兵庫陶芸

⑦ マーラーの思い出／アルマ・マーラー［著］；酒田健一訳　白水社

⑧ 歌舞伎鑑賞俳句手帳／佐藤吉之輔著　角川書店

⑨ 文楽ハンドブック／藤田洋編　三省堂

⑩ 大相撲力士名鑑. 平成 23 年度／「相撲」編集部編　ベースボール・マガジン社

⑼ 言　語

① 近代言語イデオロギー論：記号の地政とメタ・コミュニケーションの社会史／
小山亘著　三元社

② 認知文法論序説／ロナルド・W.ラネカー著；山梨正明監訳　研究社

③ プロアナウンサーの「伝える技術」／石川顕著　PHP 研究所

④ 甲骨文字小字典／落合淳思著　筑摩書房

⑤ 常用漢字表. 平成 22 年 11 月 30 日内閣告示／全国官報販売協同組合

⑥ 南部人の酔っ払いの戯言／吉村ひろみ著　文芸社

⑦ 中国語通訳講座. 基礎編／塚本尋，張弘著　三修社

⑧ アラビア語パレスチナ方言入門／依田純和著　大阪大学世界言語研究センター

⑨ 中級フランス語あらわす文法／東郷雄二著　白水社

⑩ ベルギーの言語政策方言と公用語／石部尚登著　大阪大学出版会

⑽ 文　学

① 西洋古典文学案内：ギリシア・ローマからロマン主義まで／日外アソシエーツ
株式会社編　日外アソシエーツ

② 王朝文学の楽しみ／尾崎左永子著　岩波書店

③ 百人一首を読み直す：非伝統的表現に注目して／吉海直人著　新典社

④ 苦役列車／西村賢太著　新潮社

⑤ D. H. ロレンス全詩集：完全版／D. H. ロレンス［著］；青木晴男，大平章，小
田島恒志，戸田仁，橋本清一編訳　彩流社

⑥ 原形ファウスト／ヨハン・ヴォルフガング・ゲーテ作；新妻篤訳と解説　同学社

⑦ 星の王子さまのことば：しあわせを届ける 117 のヒント／サン＝テグジュペリ

著：平松洋編訳　新人物往来社

⑧　トルストイの日露戦争論：現代文／レフ・トルストイ著；平民社訳；国書刊行
　　会編集部現代語訳　国書刊行会

⑨　ムーミンのふたつの顔／冨原眞弓著　筑摩書房

⑩　絵のない絵本／アンデルセン［著］；川崎芳隆訳　角川書店

第3節　日本著者記号表

　分類記号が決定すると，同一分類記号をもつ資料を個別化するための記号である図書
記号を付与し，所在記号（請求記号）を決定する。

　著者記号法は，同一の分類記号のもと，資料を著者名の音順に排列する方法である。
記号化の対象となる著者は，責任表示に最初に記述されている著者，伝記書では被伝者
または著者基本記入の場合は主標目となる著者である。著者名の姓の数文字を片かなま
たはローマ字で表すイニシャル方式，著者名の頭文字と数字を組み合わせた一覧表に
基づいて記号を与える著者記号表等がある。後者には，『カッター・サンボーン表』や，
日本人の名称の特徴が生かされた，もり・きよしの『日本著者記号表』[7]がある。

　ここでは，p.24の図書に対し，『日本著者記号表』により，図書記号を付与してみよう。

　原著者の標目である「Matthias, Erich//マティアス，　エリッヒ」が著者記号の対象
となる。西洋人名は原綴とされているので，MatthiasのMa（通常は，著者名の頭字だ
が，Mの場合は2字）と表中に得られる該当の数字94により，Ma94が図書記号となる。
NDC新訂10版による分類記号は234.072であるので，請求記号は「234.072 - Ma94」
となる。同一の分類記号に同じ著者の著作が2冊以上になると，これを識別するために，

表10.2　日本著者記号表の一部

Mai	31 Mel	Mas	61 Mer	Matsuy	91 Meu
Maj	32 Melc	Masam	62 Merc	Matsuz	92 Meur
Mak	33 Mele	Masao	63 Meri	Matsuzaw	93 Meus
Maki	34 Melg	Mase	64 Meril	Matt	94 Mew
Makin	35 Meli	Mass	65 Merim	Mau	95 Mey
Makio	36 Mels	Masu	66 Merin	Maur	96 Meyn
Makit	37 Melv	Masui	67 Merr	Max	97 Meyr
Makiy	38 Mem	Masum	68 Mers	May	98 Meys
Mal	39 Men	Masut	69 Mert	Maz	99 Mez

書名の首字による著作記号 n を与え，「234.072 – Ma94n」とする。

■注・引用文献──

(1) 日本図書館協会分類委員会編『日本十進分類表　新訂 10 版』本表・補助表編　日本
　　図書館協会，2014，pp.33-44

(2) 日本図書館協会分類委員会編『日本十進分類表　新訂 10 版』本表・補助表編　日本
　　図書館協会，2014，pp.23-25

(3) 一般補助表は，日本図書館協会分類委員会編『日本十進分類表　新訂 10 版』本表・
　　補助表編　日本図書館協会，2014，pp.433-460，形式区分の表は pp.437-438 を転載

(4) 相関索引は，日本図書館協会分類委員会編『日本十進分類表　新訂 10 版』相関索引・
　　使用法編　日本図書館協会，2014，pp.5-261

(5) 日本図書館協会分類委員会編『日本十進分類表　新訂 10 版』相関索引・使用法編
　　日本図書館協会，2014，pp.270-274

(6) https://www.ndl.go.jp/jp/data/NDC10code202006.pdf（accessed 2020.6.11）

(7) もりきよし『日本著者記号表　改訂版』日本図書館協会，1974，20p.

第 11 章

件名作業

第 1 節　基本件名標目表 (BSH) 第 4 版の概要

1　概要

(1)　件名標目の採録方針

　採録数は，標目数 7,847，参照語 2,873，説明付き参照 93，細目 169，総項目数 10,982 件である。

　原則として日本の公共図書館，一般教育レベルの資料を収蔵する大学図書館および高校の図書館において必要とされる件名標目を中心に採録している。

　対象とする資料は図書に限定し，雑誌論文や新聞記事などの書誌・索引の編成に必要なものは採録していない。

　固有名詞（個人名，団体名，地名，書名等）の件名標目は，原則として省略している。また，基本的な標目が網羅されていない特定の分野については，その事項を例示して，各図書館が必要に応じて補充していくよう推奨している。

(2)　音順標目表

　「本表」「国名標目表」「細目一覧」で構成されている。そのうち，「本表」には以下の 3 つが収録されている。

1)　件名標目

　標目の表現形式は，次の方針による。

a) 常用語を優先的に採用

b) 複合語・熟語はできるだけそのまま

c) 検索の便宜上表現の統一が適切な場合は，主標目のあとにダッシュを用いて

細目を付加し表現（例：英語—会話，英語—語彙）

d) 丸括弧で限定語を付記（例：価値（経済学），価値（哲学））

e) 形容詞的に用いられる地名は地名を冠する形（例：日本建築）

f) 比較関係や影響関係を示す件名標目は「と」で結ぶ形（例：宗教と科学）

g) 複数の主題が同時に扱われるものは，連辞や中点で結ぶ形（例：折紙・切紙）

h) 形式標目は慣用形（例：人名辞典，法令集）

2) 参　照

参照には，直接参照（を見よ参照あり：UF），連結参照（をも見よ参照）および参照注記（SA）がある。第4版からシソーラスの表示形式を準用しており，連結参照には，TT（最上位標目），BT（上位標目），NT（下位標目）およびRT（関連参照）がある。

3) 細　目

細目には，「一般細目」「分野ごとの共通細目」「言語細目」「地名のもとの主題細目」「地名細目」「時代細目」および「特殊細目」がある。

① 一般細目

どの標目のもとでも共通して使用することができる。

―エッセイ，―学習書，―研究法，―索引，―雑誌，―辞典，―写真集，―条例・規則，―抄録，―書誌，―史料，―資料集，―随筆，―図鑑，―伝記，―統計書，―年鑑，―年表，―判例，―文献探索，―便覧，―法令，―名簿，―用語集，―歴史

② 分野ごとの共通細目

それぞれ指定された範囲の標目のもとで，必要に応じて共通に使用することができる。例えば，医学・薬学共通細目，映画・演劇共通細目，音楽共通細目，科学共通細目，芸術・文学共通細目等16の細目が用意されている。

③ 言語細目

各言語のもとで，必要に応じて共通に使用することができる。例えば，アクセント，位相，意味論，音韻，音声，解釈，外来語，会話等53の細目が用意されている。

④ 地名のもとの主題細目

国，地方を問わずそれぞれの地域に関わる主題を表すために，地名のもとで使われる標目がある。以下のように，17の標目が主題細目として指定されている。

―紀行・案内記，―教育，―行政，―経済，―工業，―国防，―産業，―商業，―人口，―政治，―対外関係，―地域研究，―地図，―地理，―農業，―風俗，―貿易

―対外関係と―貿易については，さらに相手国を付加することができる。

⑤ 地名細目

地名のもとの主題細目において指定されている以外の主題について，地域に関わる主題を表す場合は，その主標目に地名細目を付加することができる。

⑥ 時代細目

歴史を表す標目，および「―歴史」の細目を用いている標目については，時代細目を重ねて付加することができる。

⑦ 特殊細目

共通ではなく，特定の件名標目のもとで使用される細目である。

　（例）　聖書―旧約，聖書―植物，経済学―近代経済学

⑶ 「分類記号順標目表」

別冊に収められている「分類記号順標目表」と「階層構造標目表」は，学問分野別に件名標目を通覧できるように編成されている。

「分類記号順標目表」はNDCの分類体系の中で，個々の件名標目を把握しやすくしている。

⑷ 「階層構造標目表」

「階層構造標目表」は件名標目間の階層表示の中で，個々の件名標目を把握しやすくしている。最上位にある件名標目に対し，下位にどのような件名標目が存在しているか，またそれらの間にどの程度の階層差があるかが，「・」の数によって明示されている。

第2節　件名標目の与え方

1　件名標目の付与

個々の資料を主題分析し，適切な件名標目を与える件名作業においては，まず件名標目表の十分な理解が必要である。主題分析により，把握した内容を，概念化・言語化，すなわち，ことばによって表現してみる。次に，その表現したことばに最も適合する件名標目を標目表から選択する。合致したのが参照語なら，それが導く件名標目を選択する。適合する件名標目が存在しないならば，件名標目の追加を検討する。

件名標目の付与にあたっての留意点は，以下のとおりである。

① 主題の特定化，個別化を原則とする。

② 場合によっては，著作全体の主題に対して件名の一般化を考慮する（要約主題）。

③ 複数の件名を与えることができる。

④ 主題の価値が乏しいものについては，必ずしも件名を与えなくともよい。

⑤ 一貫性を期するとともに，件名標目を努めてアップ・ツゥ・デイトに維持管理する必要がある。

⑥ 件名標目としてわかりやすい語を選択する。

2 件名規程

　首尾一貫した件名作業を行うための指針を成文化したものを件名規程と呼ぶ。件名標目表全体に適用されるものが「一般件名規程」，特定分野について適用されるものが「特殊件名規程」である。

(1)　一般件名規程 (1)

　件名付与の基本的な方針，細分法，地域と主題，新設件名標目の取り扱い方，付与する件名標目の数，形式件名などが規定されている。具体的には以下のようなものがある。

　a) 主題が明確でない資料には件名標目を与えなくてよい。

　b) 特定記入の原則（specific entry）：資料の主題を適切に表現する件名標目を与える。

　c) 資料が扱っている主題の数に応じて，必要な数の件名標目を与える。

　複数の主題を扱った資料，または一標目では資料の内容を完全に表現できない場合には，2つ以上の標目を与える。

　d) 必要に応じ，資料全体に対する標目とともに，資料の一部分を対象とする件名標目を与えることができる。これを件名分出と呼ぶ。

　要約主題としての件名標目に加えて，網羅的主題としての件名標目を与える。近年のコンピュータ目録では，目次レベル，構成レベルの索引づけを行うことにより検索効果を生む。

　e) 各種の細目は，主標目を限定し特殊化するために用い，また，必要に応じて重ねて用いることができる。

　細目のところで見たように，各種の細目は，その一定の約束事に従い，主標目を限定し特殊化するために付与することができる。また，必要に応じていくつかの細目を段階的に重ねて用いることができる。

　f) 特定の人物，団体，事物，地域，著作などを主題とする資料には，固有名を件名標目として与える。

　一般件名標目と固有件名を抱き合わせにして付与すると，その主題の一般化と特定化がなされ，その双方から広がりをもった検索が可能になる。

　g) 特定の出版形式をもって編集された資料には，その出版形式を表す名辞を形式標目として付与する。

　通常，主題を特定できない雑誌，百科事典，論文集には件名標目は付与しないが，必要に応じてそれらの形式標目を与えてもよい。ただし，特定の主題に関する雑誌，辞典等には主題標目のもとに形式細目を用いる。

　h) 個人の文学・芸術作品には件名標目を与えないが，多数人の文学作品，芸術作品の集成に対しては形式標目を与える。

NCR1987年版の件名標目の条項では，主題の明確でない資料，文学・芸術作品には件名標目を与えないとしているが，BSHでは，多人数の文学・芸術作品の集成には形式標目を与える，また主題が明らかな文学・芸術作品には件名標目を与えることができるとなっている。

(2) 特殊件名規程 [2]

個々の件名の定義や使用法，特定の分野においてのみ適用される規程で，具体的には以下のようなものがある。

a) 歴史的な主題	b) 伝記書，人名辞典
c) 地誌的な記述，地名辞典	d) 社会事情
e) 法令	f) 統計書
g) 産業事情	h) 病気に関する資料
i) 語学書	j) 学習書，問題集

3 固有件名の付与

件名標目には普通名詞や語句のような一般件名ばかりでなく，固有名詞も使用され，固有件名と称される。固有件名には，人名，家族名，団体名，歴史的事件，統一書名等がある。固有件名の存在についてはあまり知られていないが，一般件名と違って，そのものずばりの名称でもって検索が可能であるので非常に便利な場合がある。固有件名も一般件名と同様に，典拠データを作成し，件名典拠ファイルに収録して，典拠コントロールの一環として維持管理することが求められる。

第3節　件名標目の新設および維持・管理

1 件名標目の新設

新しい主題を既存の件名標目で表現できない場合，それに相応しい件名標目を新設しなくてはならないが，その主題が一過性のものであれば，新設の必要はない。過去にある程度の文献的根拠が認められ，将来も出現する可能性があるとみなされる主題について，新しい件名標目の選定が検討される。各種の参考図書を調査し，最も一般的であると思われる用語を選択し件名標目とする。

新設件名の妥当性が担当者の間で承認された場合は，それを件名標目データとして次に述べるような件名典拠ファイルに入力されることにより，新設が完了する。

2　件名典拠ファイル

　件名標目は統制語として，常に一定した形式に基づいた標目を維持しなければならない。そのため，標目形とそれへの参照形，さらに標目間の関係づけや階層化を検討して，それらを典拠ファイルに入力しておく。件名標目を付与するときは，恒常的にそれらを参照しながら作業を行う。

[演習問題]
問題1　件名の付与
　pp.208-209に示すのは佐高信「岩波新書と"現代"の読み方」である。文中に出てくる岩波新書（ゴチックで表示）に，筆者が『日本十進分類表（NDC）新訂10版』を使用して，仮に分類記号を付与してみると以下①～㉒のようになる。また，NDL ONLINEによれば，それぞれの図書に『国立国会図書館件名標目表』の件名標目が付与されている。

　これらを参考にしながら，内容紹介の文章を読み，『基本件名標目表（BSH）第4版』を用いて，適切な件名標目を付与しなさい。

① 消費者の権利　365　1. 消費者保護　2. 消費者行政　3. 消費者運動

② 韓国からの通信　312.21　1. 朝鮮（1948～　大韓民国）—政治

③ 徐兄弟 獄中からの手紙　929.16　1. 政治犯—朝鮮（1948～　大韓民国）

④ 獄中一九年　929.16　1. 政治犯—朝鮮（1948～　大韓民国）

⑤ アラビアのロレンス　289.3　1. Lawrence, Thomas Edward（1888-1935）

⑥ あの人は帰ってこなかった　916　1. 戦争犠牲者

⑦ ヒロシマ・ノート　914.6

⑧ 政治家の文章　312.8　1. 政治家

⑨ インドで考えたこと　915.6　1. インド—紀行

⑩ キューバ紀行　915.6　1. キューバ—紀行

⑪ 子どものモスクワ　916　1. ロシア—教育

⑫ 水俣病　519.21　1. 水俣病

⑬ 日米経済摩擦　678.21053　1. 日本—貿易—アメリカ合衆国　2. 日本—経済関係—アメリカ合衆国

⑭ 地方からの発想　318.295　1. 地域開発—大分県　2. 地方行政—大分県

⑮ 共生の大地　332.107　1. 産業と社会　2. 地域経済

⑯ 会社本位主義は崩れるか　335.21　1. 企業　2. 株式会社

⑰ エビと日本人　664.76　1. エビ

⑱ 現代を読む100冊のノンフィクション　303.1　1. 日本—社会—書目—解題

⑲ 信州に上医あり　289.1　1. 若月，俊一（1910-2006）

⑳ 民族と国家　316.826　1. 民族問題―中近東

㉑ ヨーロッパの心　302.3　1. ヨーロッパ―社会

㉒ 幕末維新の民衆世界　210.58　1. 日本―歴史―江戸末期　2. 明治維新

問題2　総合問題
　次の図書に『日本十進分類表（NDC）新訂10版』の細目表と補助表（一般補助表，固有補助表）を使用して適切な分類記号を与え，さらに『基本件名標目表（BSH）第4版』を用いて適切な件名標目を付与しなさい。

(1)　**総　記**

　① 情報・知識資源の組織化／長田秀一著　サンウェイ出版

　② 現代用語の基礎知識　2011　自由国民社

　③ アルゴリズムとデータ構造：プログラミングの宝箱／紀平拓男，春日伸弥著　ソフトバンククリエイティブ

　④ 経営・経済のための情報科学の基礎／石川修一［ほか］著　共立出版

　⑤ 中国のマスゴミ：ジャーナリズムの挫折と目覚め／福島香織著　扶桑社

(2)　**哲学，宗教**

　① 死の所有：死刑・殺人・動物利用に向きあう哲学／一ノ瀬正樹著　東京大学出版会

　② インド宇宙論大全／定方晟著　春秋社

　③「夢」の認知心理学／岡田斉著　勁草書房

　④ 伊勢と仏とキリストと：日本の宗教を世界の目で見れば／坂井洲二著　法政大学出版局

　⑤ 聖書と比喩：メタファで旧約聖書の世界を知る／橋本功，八木橋宏勇著　慶應義塾大学出版会

(3)　**歴史，地理**

　① 世界史年表・地図／亀井高孝，三上次男，林健太郎，堀米庸三編　吉川弘文館

　② 秋田県考古学研究史：調査・発掘調査年表／冨樫泰時編著　書肆えん

　③ 騎士道百科図鑑／コンスタンス・B.ブシャード監修　堀越孝一日本語版監修　悠書館

　④ メディチ家：ルネサンス・美の遺産を旅する／［南川三治郎］［写真］［雨宮紀子］［文］　世界文化社

　⑤ 浮世絵と古地図でめぐる江戸名所散歩／竹村誠編　大石学監修　JTBパブリッ

同じ一九四五年生まれの徐勝とは二年ほど前に対談し、一九年の重みに圧倒されていたら、

「まもなく、"獄中四三年"が出てきますよ」

と言われて絶句した。

中野好夫の『アラビアのロレンス』、菊池敬一・大牟羅良編の『あの人は帰ってこなかった』、そして大江健三郎の『ヒロシマ・ノート』なども、学生時代に熱中して読んだ記憶がある。

武田泰淳の『政治家の文章』や堀田善衞の『インドで考えたこと』の味も忘れられない。

「アジアは生きたい、生きたいと叫んでいるのに、ヨーロッパは死にたくない、死にたくないと言っている」

堀田はこう指摘していたと思うが、この一節は強烈で、それから何度か、私はこの対比を借りた。堀田には『キューバ紀行』という本もあったが、これがのちに集英社文庫に入る時、その解説を頼まれるようになるとは、当時、夢想だにしなかった。

紀行的なものの関連でいうと、松下恭子の『子どものモスクワ』が印象深い。井戸端のソ連を、この本は生き生きと写している。

状況の変化があっても品切にしてほしくない本の筆頭に、原田正純の『水俣病』がある。過日、環境破壊に反対する講演会で原田と同席して、その気取りのなさに驚いた。力みのなさは生得のものなのか。

このような人をわが国の国立大学は助教授のままにしている。原田は笑いながら言った。

「皮肉ではなくて、教授会に出る必要がなくていいんですよ」

「大人のワッペン」とは無縁の原田のような人がいるということが私にとってかすかな救いである。

大江健三郎は『ヒロシマ・ノート』に書いている。「限界状況の全体の展望について明晰すぎる眼をもつ者は、おそらく絶望してしまうほかな

これが一九八六年の日本のエビ輸入国ベストテンである。日本人の一人当たりエビ消費量は世界一で、その九割近くを輸入に頼っている。

一〇年経ってベストテンに少しは変動があるのかもしれないが、一人当たりエビ消費量が世界一であることにかわりはないだろう。

なぜ、こうなってしまったのか?

「マングローブなくしてエビなし」といわれるほど、エビにとってマングローブ林は重要であり、村井たちは、それをエビの"保育園"と呼ぶ。しかし、熱帯アジアやオーストラリアでは、このマングローブ林を伐採して養殖池を造成する光景が見られる。自然のままにではなく、自然をゆがめて日本にエビを持ってきているのである。

まだ読んではいないけれども、いつかはと思って買ってある本に、南木佳士の『信州に上医あり』、山内昌之の『民族と国家』、犬養道子の『ヨーロッパの心』などがある。

同じく未読の本ながら、あるいは開くことがないままに終わるだろうという予感がするのが、佐藤誠朗の『幕末維新の民衆世界』（岩波新書）である。遠山茂樹とともに『自由党史』（岩波文庫）の校訂者となっている佐藤は、私に民衆史の手ほどきをしてくれた。新潟大学教授になる前に佐藤は山形県立庄内農業高校の教師をしており、私はそこで佐藤にいろいろと教えられた。同僚というより弟分、つまりは舎弟である。組合運動からチェーホフまで、その幅はまことに広かった。

『幕末維新の民衆世界』は、残念ながら、死の床にその見本が届けられたはずである。六十代半ばの死。"兄貴"の無念を思うと、とても頁を繰る気にはなれない。

佐高信「岩波新書と"現代"の読み方」

岩波新書と"現代"の読み方

佐高　信

岩波新書の中で私がバイブルのように何度も繰り返し読んだのは、正田彬の『消費者の権利』である。この本は一九七二年二月に出ている。その年の夏に私は教師をやめて小さな経済誌に入り、企業批判の武器を獲得する必要性に迫られていた。企業の輪郭をつかむために経済小説を読み始め、企業の論理によって企業を撃とうとしていたのである。生活の激変で、ほとんど何の余裕もなく、まさに「一日一生」といった感じの日常の中で、この本にめぐりあった。

「これだ！」と思った。

企業社会を肯定する経済誌の編集者なのだから、根本からそれを否定することはできない。しかし、ゆがんだ日本の企業社会はその基本的なルールさえ踏みはずしている。それを批判する絶好の切り口を教えるものとして、会ったことはなかったが、慶大法学部の峯村光郎ゼミの先輩でもある正田のこの本を私は貪り読んだ。

大学時代には遠かった法律というものが近くなったようにも思えた。まもなくインタビューに行って、正田の手引きで経済法を本気で勉強するようにもなったのである。

『消費者の権利』では、チクロについて、「安全を確認した場合に認める」という原則が「危険性が確認されたら禁止する」という運用にいつのまにか変化している。それを批判している。

なるほど、こういう概念の使い方をして品切となっている。しかし、ナマモノはそれでいいのだろう。残念ながら、この本はすでに品切となっているのだが、新しい角度からメスを振るわれたものが読者に提供されることが必要なのだ。

役目を終えて、次にまた、品切になっているものだが、T・K生の『韓国からの通信』（正・続・第三・第四）も、息をひそめる思いで読んだ若き日を回顧してなつかしい。その延長線上に、徐京植編訳の『徐兄弟 獄中からの手紙』や徐勝の『獄中一九年』がある。

いだろう。限界状況を、日常世界の一側面としてしか、うけつけない鈍い眼の持主だけが、その「鈍い眼」は屈することのない忍耐心と「灼けるように激しい明察」によって支えられているのだ、と大江は喝破した。原田に会って、私はこの「鈍い眼」は「おだやかな眼」に訂正しなければならないのではないかと思った。

この「私のすすめる岩波新書・三冊」（『図書』）の一冊に『日米経済摩擦』の著者の船橋洋一も、一〇年前にインターナショナル・ジャーナリストで『私のすすめる岩波新書・三冊』の一冊に『水俣病』を推したことがある。朝日新聞記者としての船橋と私とめぐりあった。

記者としての船橋と私とめぐりあった原田と格闘する原田とめぐりあった。

通産官僚だった平松守彦は、郷里の大分に帰って知事となったが、その経緯を含めてコンパクトにまとめたのが『地方からの発想』である。

平松は『若者たち』とともに『千曲川』という歌を好む。故郷にあって都は遠いという「千曲川」に对する私の想いも寄せたことがあるのに違いない。

内橋克人の『共生の大地』や奥村宏の『会社本位主義は崩れるか』は、これまでどちらかというと岩波新書は弱かった分野の好著である。マクロに経済を論じるのではなく、ミクロにこだわって事実を積み上げ、そして、『エビと日本人』変革の可能性を示す。

この系譜の秀作として、村井吉敬の『エビと日本人』を挙げることもできる。私は『現代を読む─一〇〇冊のノンフィクション』でこれを取り上げ、次の話から書き出した。

一位	台湾	二位	インド
三位	インドネシア	四位	中国
五位	グリーンランド	六位	オーストラリア
七位	ベトナム	八位	タイ
九位	フィリピン	十位	バングラデシュ

シング

(4) 社会科学

① 中東問題の盲点を突く／中津孝司編著　梅津和郎，島敏夫，河村朗，佐藤千景著　創成社

② 冤罪の軌跡：弘前大学教授夫人殺害事件／井上安正著　新潮社

③ 国際移動時代の国際結婚：日本の農村に嫁いだ中国人女性／賽漢卓娜著　勁草書房

④ 教育学におけるニーチェ受容史に関する研究：1890-1920年代のドイツにおけるニーチェ解釈の変容／松原岳行著　風間書房

⑤ 図説自衛隊の国土防衛力：3000km列島を守る25万武力集団の戦闘テクノロジー／河津幸英著　アリアドネ企画

(5) 自然科学

① 有機化学用語事典／古賀元，古賀ノブ子，安藤亘著　朝倉書店

② 地球温暖化問題原論：ネオリベラリズムと専門家集団の誤謬／江澤誠著　新評論

③ 自己変革するDNA／太田邦史［著］　みすず書房

④ 中国医学史レファレンス辞典／関久美子ほか中国医学文献研究会編訳；松岡榮志監修　白帝社

⑤ 眠気の科学：そのメカニズムと対応／井上雄一，林光緒編　朝倉書店

(6) 技術，工学

① ニッポンの環境エネルギー力：IT産業立国からエコ産業立国に大変身を遂げる「日本の底力」／泉谷渉著　東洋経済新報社

② 中国・広東省の自動車産業：日系大手3社の進出した自動車産業集積地／櫨山健介，河邊信雄編　早稲田大学産業経営研究所

③ 放射性廃棄物の工学／長崎晋也，中山真一共編　オーム社

④ 最新・基本パソコン用語事典：BASIC　EDITION：オールカラー／秀和システム第一出版編集部編著　秀和システム

⑤ 蔵元を知って味わう日本酒事典：基礎知識から利き酒実施の銘柄紹介まで／武者英三監修　ナツメ社

(7) 産　業

① 江戸時代の名産品と商標／江戸遺跡研究会編　吉川弘文館

② TPPを考える：「開国」は日本農業と地域社会を壊滅させる：1時間でよくわかる／石田信隆著　家の光協会

③ 地域森林管理の主体形成と林業労働問題／志賀和人，藤掛一郎，興梠克久編著

日本林業調査会

④ 北海道水産資源管理マニュアル．2010 年度／北海道水産林務部水産局漁業管理
課編　北海道

⑤ 包装の事典／日本包装学会編　朝倉書店

(8)　**芸術，美術**

① 文化芸術の振興に関する基本的な方針：第 3 次基本方針：平成 23 年 2 月 8 日閣
議決定／文化庁

② 仏像を彫りませんか：一木造でやさしく作る：本体・光背・台座を一つの木か
ら彫り出す／吉川瑞慶著　日貿出版社

③ オーケストラ指揮者の多元的知性研究：場のリーダーシップに関するメタ・フ
レームワークの構築を通して／宇田川耕一著　大学教育出版

④ 能・狂言事典／西野春雄，羽田昶編　平凡社

⑤ スポーツ科学でわかる身体 (カラダ) のしくみとトレーニング／小河繁彦著　丸善

(9)　**言　語**

① イベリア半島の言語史入門／A．トバール著　佐藤好正訳　佐藤工房

② 言語意識と社会：ドイツの視点・日本の視点／山下仁，渡辺学，高田博行編著
三元社

③ 話し言葉の日本史／野村剛史著　吉川弘文館

④ 英語固有名詞語源小辞典／苅部恒徳編著　研究社

⑤ 史上最強のフランス語の E メール＆チャット表現事典／パトリス・ルロワ著
ナツメ社

(10)　**文　学**

① 架空人名辞典．第 1 巻 (欧米編) ／［教育社編］　日本図書センター

② キーワードで読む「三国志」／井波律子著　潮出版社

③ 14 世紀のイギリス文学：歴史と文学の世界：公開研究会／池上忠弘著　中央大
学人文科学研究所

④ 詩人ハイネ：作品論考と他作家との対比／可知正孝著　鳥影社・ロゴス企画

⑤ やさしいダンテ〈神曲〉／阿刀田高［著］　角川書店

■注・引用文献――

(1) 日本図書館協会件名標目委員会編『基本件名標目表 (BSH) 第 4 版』1999，日本図書
館協会，pp.16-20

(2) 同上書，pp. 20-23

第12章
書誌情報の作成支援システム

第1節　NACSIS-CAT の入力

1　データセットの種類

(1)　総合目録データセット

NACSIS-CAT は FRBR の概念モデルが提唱される以前の 1985 年に設計されたので，これとは異なる独自のデータ構造を持っている。目録規則としては，和資料は『日本目録規則 1987 年版改訂 3 版』，洋資料は *Anglo-American Cataloguing Rules. 2nd edition* を使用する。

従来は 1 枚の目録カードに記述していた資料に関する情報を，書誌データと所蔵データに分けて記録するほか，著者名典拠形や統一書名典拠形を統一するための著者名典拠データと統一書名典拠データがあり，書誌データに直接リンクできるところに特徴がある。さらに参加館の情報を参加組織データとして記録している。書誌データ，著者名典拠データ，統一書名典拠データは参加館で共有する共有データであり，所蔵データと参加組織データは各参加館固有のデータである。その他，同じ資料についての記録であるが目録の採り方が異なる書誌データをグループ化する RELATION データ，雑誌のタイトル変遷を管理しているタイトル変遷データもある。この 2 つは NII が作成・管理している。

これらのデータを格納しているファイルをデータセットと呼ぶ。また，JAPAN/MARC や TRC MARC など，他の目録作成機関が作成したデータを機械的に変換して取り込んだ PREBOOK データもある。目録規則やその適用方法が NACSIS-CAT 本来のデータとは異なるところがあるが，利用する際に修正してもそのまま使用してもどちらでも構わない。MARC に記録されている著者名典拠データの ID を VIAF を利用して NACSIS-CAT の著者名典拠データの ID に変換して自動的にリンクを形成したり，

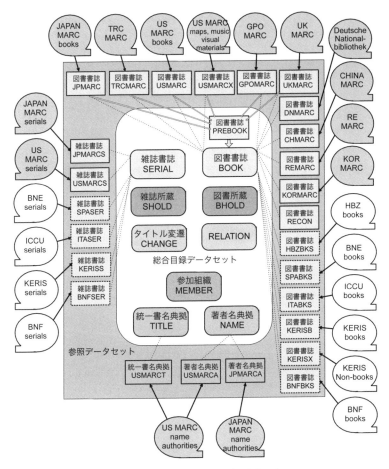

図 12.1 NACSIS-CAT のデータセット

出典:『目録情報の基準 第 5 版』より転載

機械処理によりあらかじめ出版物理単位に分割してあるところが次に見る参照データと異なっている。ISBN がある資料に限られる。

(2) 参照データセット

PREBOOK と同様に,他の目録作成機関が作成したデータを機械的に変換して,データを作成する際にコピーして利用できるようにしているのが参照データである。PREBOOK とは異なり著者名典拠データにリンクを形成したり出版物理単位に分割し

たりはされていない。ISBN がないデータは PREBOOK には取り込まれず，参照データセットのみにある。

2 データのリンク構造

総合目録データセットの中のデータは，PREBOOK を除いて必ず他のデータとリンクが形成されている（PREBOOK の書誌データは，所蔵データとリンク形成されることで自動的に BOOK データセットに移行される）。

図書の書誌データとリンクを形成するのは，所蔵データ，著者名典拠データ，統一書名典拠データ，および出版物理単位の書誌データ（子書誌データ）と集合書誌単位の書

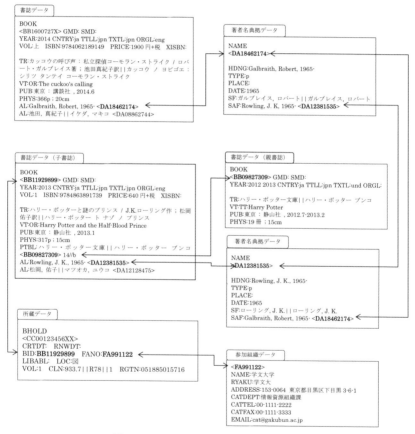

図 12.2　NACSIS-CAT のデータ間リンク

誌データ（親書誌データ）である。それ以外に，著者名典拠データ間，統一書名典拠データ間にもリンクを形成することができるほか，所蔵データには参加組織データがリンクされている。

3　書誌データ作業

　書誌データの作成単位は，かつては単行書誌単位であったが，2020年から出版物理単位になった。即ち，一つの作品が上下2冊で刊行された場合は，上下それぞれのデータを作成する。さらに集合書誌単位のデータを作成してリンクを形成することもできる。データが無い場合は作成するが，類似の書誌データや参照データをコピーして入力の負担を軽減することができる。必要に応じて，著者名典拠データや統一書名典拠データとリンクを形成する。

　既存の書誌データをそのまま使用することもできるし，必要に応じて修正することもできるが，修正してはならない箇所が相違する場合は新たに書誌データを作成する。

4　所蔵登録作業

　NACSIS-CATの書誌データに対して所蔵データをリンク形成することを所蔵登録という。所蔵データは各参加館固有のデータなので，記録するデータは参加館が決められる。一般的には所在記号や資料番号を記入することが多い。

5　マニュアル

　NACSIS-CATにおける目録の基本的な方針は『目録情報の基準 第5版』にまとめられている[1]。ここには書誌データの作成単位を判断するための「固有のタイトル」についての規定や，読みの表記や分かちに関する規則がある。データを入力するための具体的な規則や各種コード類をまとめたものとして『目録システムコーディングマニュアル』が用意されている[2]。ここには目録対象資料と既存の書誌データとが一致していない場合に，データを修正してよいか，あるいは別書誌を作成するかの基準の一覧表も収録されている。

6　OPAC, NACSIS-ILL, CiNii Books

　NACSIS-CATの書誌データを各図書館のシステムにダウンロードすることで，その図書館において所蔵資料の管理に使用したり，図書館の利用者がOPACを通じてそのデータを検索したりすることができる。

　NACSIS-CATのデータはNACSIS-ILLにも利用されていて，書誌データを検索して，

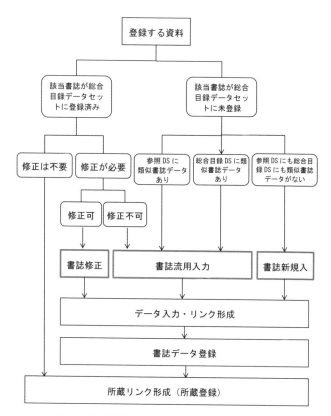

図12.3　NACSIS-CATにおける目録作業フロー

　その書誌データに所蔵登録している参加館に対して複写や貸借を依頼することができる。また，CiNii Books にも変換されており，Web を通じて一般の利用者が書誌データや大学図書館の所蔵を検索することができるようになっている。

p.130 の図書の例を記述した以下のデータにならって，p.146［演習問題］1 図書の問題 1 から問題 23 について NACSIS-CAT のデータを作成しなさい。

子書誌データ
<BC00000001>
YEAR：2014 CNTRY：ja TTLL：jpn TXTL：jpn   ORGL：
VOL：   ISBN：9784041014516   PRICE：680 円（税別）   XISBN：
TR：ナミヤ雑貨店の奇蹟␣／␣東野圭吾 [著]‖ナミヤ ザッカテン ノ キセキ
ED：
PUB：東京␣：␣角川書店␣，␣2014.11
PHYS：413p␣；␣15cm
NOTE：2012 年 3 月刊の文庫化
NOTE：カバーのシリーズ番号：ひ 16-9
PTBL：角川文庫 <BC00000002> 18868, [ひ 16-9]//a
AL：東野，圭吾 (1958-)‖ヒガシノ，ケイゴ < DA00000001>

親書誌データ
<BC00000002>
YEAR：1949   CNTRY：ja TTLL：jpn TXTL：und ORGL：
VOL：   ISBN：   PRICE：   XISBN：
TR：角川文庫‖カドカワ ブンコ
ED：
PUB：東京␣：␣角川書店␣，␣1949-
PHYS：冊␣；␣15cm
NOTE：2013 年 10 月以降の出版者 (名称変更): KADOKAWA

著者名典拠データ
<DA00000001>
HDNG：東野，圭吾 (1958-)‖ヒガシノ，ケイゴ
TYPE：p
PLACE：大阪
DATE：1958

第 2 節　JAPAN/MARC や民間 MARC の利用による目録作成

JAPAN/MARC や民間 MARC を利用して目録を作成することは，集中目録作業と呼ばれる。各館は，これらの MARC を購入し，それらに自館の請求記号等のローカルデ

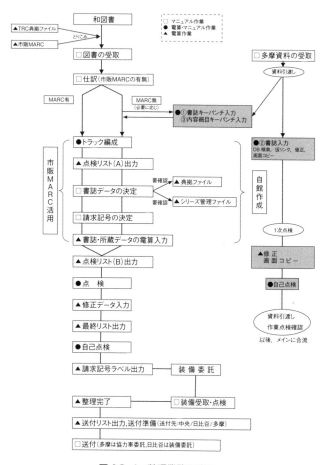

図12.4　整理業務の流れ

出所：大串純子，高井君枝「東京都立図書館の整理業務について：日本語資料の場合」
『情報の科学と技術』Vol.58, No.9, 2008, p.450

ータを付加して目録を完成し，自館のシステムにより OPAC として利用者に提供する。
民間 MARC の場合は，ローカルデータも入力して提供してくれる場合もあり，多くの
公共図書館では目録作成全般について民間 MARC に依存している。

　図12-4 は，都立中央図書館，都立多摩図書館の目録作成フローを示している。両館
の場合は，市販 MARC を活用しながらも，修正を加え独自の目録を作成していること
が分かる。

民間 MARC にない地域資料や個性的な資料については，各館でオリジナルカタロギングが必要となるが，そのための作成システムの整備や研修などを通じた目録作成能力の涵養が求められている。

■注・引用文献──
(1)『目録情報の基準 第 5 版』http://catdoc.nii.ac.jp/MAN/KIJUN/kijun5.html（accessed 2020.8.5）
(2)『目録システムコーディングマニュアル（CAT2020 対応版）』http://catdoc.nii.ac.jp/MAN2/CM/mokuji.html（accessed 2020.8.5）

第13章
メタデータの作成

第1節　国立国会図書館のインターネット資料収集保存事業におけるメタデータ作成

　国立国会図書館が行っているインターネット資料収集保存事業では，現在，メタデータスキーマとして，ダブリンコアに準拠したメタデータ記述要素と記述規則で構成される「国立国会図書館ダブリンコアメタデータ記述（DC-NDL　2011年12月版）」が使用されている（p.81, 86, 109参照）。収集もクローラーによる自動収集プログラムの方法が採用されており，もはやメタデータの作成を支援するシステムではない。したがって，以下では「国立国会図書館デジタルアーカイブシステム（DAシステム）」（当時）のメタデータの作成について紹介することとする。

　インターネット情報資源のメタデータは，コンテンツの著作別に作成される場合と収集単位のウェブサイト別に作成される場合とに大別される[1]。

　著作別のメタデータでは，「継続資料の継続刊行レベル」「単行資料や継続資料で構成単位をもたないものと構成単位をもつもの」「構成単位」の3つのレベルを設定している。記述の情報源には，コンテンツ本体とコンテンツが掲載されているウェブページ等とされている。後者には，ウェブサイトのみならず電子雑誌等も含まれる。

　同館は国内各機関で作成されるインターネット情報資源のメタデータをさまざまな方法で収集し，適合しないものは同館で作成したり修正したりしている。このような形で，DC-NDLに従い，国内のメタデータの標準化を推進していると言えよう。

　本書では，同館のコンテンツの著作別メタデータとウェブサイトのメタデータの作成法を紹介する。

(1)　著作別メタデータ

　インターネット資料のうち従来の図書や雑誌に相当するもの（図書，雑誌，文書等を

電子媒体で発行）については，著作別メタデータを作成する。DC-NDL の Application Profile に規定する語彙ごとに記述していく。書誌事項については，『日本目録規則 (NCR)』により通常の図書や雑誌の目録を作成したり雑誌記事索引を作成する方法ととくに変わりはない。が，以下のように，資料の書誌階層を定め，その階層ごとにメタデータを作成することとされている。

表13.1　著作別メタデータの書誌階層

階層レベル 1	逐次刊行物の継続刊行レベル
階層レベル 2	単行資料で構成レベルをもたないもの，逐次刊行資料の各巻号レベルで構成レベルをもたないもの
階層レベル 2S	図書や逐次刊行物で構成レベルをもつもの
階層レベル 3	構成（記事）レベル。逐次刊行物のみならず，単行資料でも作成。

[演習問題]
　表13.2 〜 13.5 は国立国会図書館のメタデータ作成の具体例である。これらを参考にしながら，インターネット上の電子書籍や電子雑誌のメタデータを作成する練習をしてみよう。

表13.2　単行資料（階層レベル 2）

タイトル (title)
　すべての学校でエコスクールづくりを目指して：既存学校施設のエコスクール化のための事例集
著者 (creator)
　文部科学省
出版者 (publisher)
　文部科学省
出版年月日（W3CDTF 形式）(issued:W3CDTF)
　2010-05
上位資料（URL）(isPartOf:URI)
　http://warp.da.ndl.go.jp/info:ndljp/pid/1052050/www.mext.go.jp/a_menu/shisetu/ecoschool/detail/1294138.htm
原資料 (source)
　http://warp.da.ndl.go.jp/info:ndljp/pid/1052050/www.mext.go.jp/component/a_menu/education/micro_detail/__icsFiles/afieldfile/2010/05/28/1294145_8_1.pdf　等
永続的識別子 (identifier:NDLJP)

info:ndljp/pid/1206259

URL（identifier:URI）

http://dl.ndl.go.jp/info:ndljp/pid/1206259

コレクション情報（type:collection）

01 国の機関 - 02 中央省庁 - KA0 文部科学省（文化庁を含む）

受理日（dateAccepted）

2010-10-18T18:29:39Z

取得日（W3CDTF 形式）（dateCaptured:W3CDTF）

2010-06-09

提供者（provider）

国立国会図書館担当者 _12

提供制限（accessRights）

S01P99U99

S02P01U99

階層レベル（type:biblevel）

2

目次（tableOfContents）

表紙（1294145_1.pdf）

はじめに（1294145_2_1.pdf）

Ⅰ 現状と今日的課題：今，なぜ既存学校施設のエコスクール化なのか（1294145_3_1.
pdf）

Ⅱ 既存学校施設のエコスクール化の進め方：何から始めたらよいか（1294145_4_1.pdf）

Ⅲ 取組事例：先進的な取組から学ぶ 1 自治体におけるすべての学校のエコスクール化
の取組（1294145_5_1.pdf）

2 既存学校施設のエコスクール化の取組：総合的な取組の例（1294145_6_1.pdf）

2 既存学校施設のエコスクール化の取組：効果的なエコスクール化のアイディア
（1294145_7.pdf）

Ⅳ 参考資料（1294145_8_1.pdf）

URL

http://dl.ndl.go.jp/info:ndljp/pid/1206259

表 13.3　電子雑誌 1（階層レベル 1）

タイトル（title）

東京大学言語学論集

出版者（publisher）

東京大学文学部大学院人文社会系研究科言語学研究室

永続的識別子（identifier:NDLJP）

info:ndljp/pid/2392525

URL（identifier:URI）

http://dl.ndl.go.jp/info:ndljp/pid/2392525

コレクション情報（type:collection）

04 学術機関 -41 国立大学

受理日（W3CDTF 形式）（dateAccepted:W3CDTF）

2011-07-01T03:36:07Z

利用終了日（valid）

9999-12-31

提供者（provider）

国立国会図書館電子図書館課 _404

階層レベル（type:biblevel）

1

Web 入手区分（type:Web-get）

1

URL

http://dl.ndl.go.jp/info:ndljp/pid/2392525

表 13.4　電子雑誌 2（階層レベル 2S）

タイトル（title）

東京大学言語学論集

号（number）

（17）

出版者（publisher）

東京大学文学部大学院人文社会系研究科言語学研究室

出版年月日（W3CDTF 形式）（issued:W3CDTF）

1998-09

永続的識別子（identifier:NDLJP）

info:ndljp/pid/2392526

URL（identifier:URI）

http://dl.ndl.go.jp/info:ndljp/pid/2392526

コレクション情報（type:collection）

04 学術機関 -41 国立大学

受理日（W3CDTF 形式）(dateAccepted:W3CDTF)
　2011-07-01T03:36:07Z
利用終了日 (valid)
　9999-12-31
提供者 (provider)
　国立国会図書館電子図書館課 _404
階層レベル (type:biblevel)
　2s
Web 入手区分 (type:Web-get)
　1
URL
　http://dl.ndl.go.jp/info:ndljp/pid/2392526

表 13.5　電子雑誌 3（階層レベル 3）

タイトル (title)
　「表音文字」の背後にあるもの：中央アジア・ブラーフミー文字の場合
著者 (creator)
　熊本裕
掲載雑誌名 (publicationName)
　東京大学言語学論集
掲載巻号 (publicationVolume)
　(17)
出版者 (publisher)
　東京大学文学部大学院人文社会系研究科言語学研究室
出版年月日（W3CDTF 形式）(issued:W3CDTF)
　1998-09
フォーマット（IMT 形式）(format:IMT)
　application/pdf
容量・大きさ (extent)
　容量：kyoto_97.pdf（1848251bytes）
上位資料（URL）(isPartOf:URI)
　http://warp.da.ndl.go.jp/info:ndljp/pid/282650/www.gengo.l.u-tokyo.ac.jp/tulip17.html
原資料（URL）(source:URI)
　http://warp.da.ndl.go.jp/info:ndljp/pid/282650/www.gengo.l.u-tokyo.ac.jp/~hkum/pdf/
　kyoto_97.pdf

永続的識別子（identifier:NDLJP）

info:ndljp/pid/2392527

URL（identifier:URI）

http://dl.ndl.go.jp/info:ndljp/pid/2392527

言語（ISO639-2 形式）（language:ISO639-2）

jpn

コレクション情報（type:collection）

04 学術機関 -41 国立大学

受理日（W3CDTF 形式）（dateAccepted:W3CDTF）

2011-07-01T03:36:07Z

取得日（W3CDTF 形式）（dateCaptured:W3CDTF）

2007-11-10

利用終了日（valid）

9999-12-31

提供者（provider）

国立国会図書館電子図書館課 _404

階層レベル（type:biblevel）

3

Web 入手区分（type:Web-get）

1

URL

http://dl.ndl.go.jp/info:ndljp/pid/2392527

(2) ウェブサイト別メタデータ

ウェブサイトに対しては，収集単位でメタデータを作成する。DC-NDL の記述要素のうち必須の要素は，「タイトル」「公開者／出版者」「資源識別子（保存先 URI）」「NDL資源タイプ」の 4 項目であり，かなり簡略である。

> **[演習問題]**
> 　表 13.6，13.7 は，ウェブサイト別メタデータの具体例である。これらを参考にしながら，さまざまなホームページ等のサイトについてメタデータを作成する練習をしてみよう。

表 13.6　ウェブサイトのメタデータ（例 1）

北海道洞爺湖サミット

書誌 ID	000000010217
タイトル	外務省
公開者（出版者）	外務省
起点 URL	http://www.mofa.go.jp/mofaj/
コレクション種別	イベント
NDL 資源タイプ	サイト

表 13.7　ウェブサイトのメタデータ（例 2）

北海道洞爺湖サミットの主な取組と成果

書誌 ID	000000005016
タイトル	北海道
公開者（出版者）	北海道
起点 URL	http://www.pref.hokkaido.lg.jp/index.htm
過去の起点 URL	www.pref.hokkaido.lg.jp/index.html
コレクション種別	イベント
NDL 資源タイプ	サイト

第 2 節　機関リポジトリのメタデータ作成

　国立情報学研究所（NII）の機関リポジトリにおいて，各参加機関がリポジトリを構築・管理するシステムには，オープンソースのシステムが活用されている。例えば，マサチューセッツ工科大学（MIT）が開発した DSpace や，サウサンプトン大学が開発した Eprints 等が利用されている。各システムにより，アイテムの登録やメタデータ入力の方法は異なるが，メタデータのフォーマットとしては，ダブリンコアに基づく「junii2」に準拠するように指示されている。なお，junii2 は今後廃止され，オープンアクセスリポジトリ推進協会（JPCOAR）が策定した新しいメタデータ規格である「JPCOAR スキーマ」に継承される予定である。

　各システムにおいて構築されたリポジトリは，NII によりハーベストされ，IRDB（学術機関リポジトリデータベース Institutional Repositories Database）を通じて一般に公開され提供される（p.103, 106 参照）。

　各機関では，システムに直接入力する場合もあるが，通常は，まず平易な入力法としてエクセルファイルに入力し，これを各システムにアップロードし内部メタデータとす

表 13.8　junii2　各データ要素の入力内容一覧 (2)

メタデータフォーマット junii2（バージョン 3.1）各データ要素の入力内容一覧
凡例：　■＝必須，□＝あれば必須　左記以外＝各機関リポジトリのポリシーによる

通番	大項目	項目	element	内容	必須	繰返し可否	minOccurs	maxOccurs	書式（空白の場合は文字列）	（qualDCにダムダウンさせるときの引き先）	オプションの属性
1	タイトル	タイトル	title		必須	×	1	1		title	lang
2		その他（別言語等）のタイトル	alternative	別言語のタイトルのみ	あれば必須		0	unbounded		title	lang
3		作成者	creator		あれば必須		0	unbounded		creator	id
4		著者キーワード	subject				0	unbounded		subject	
5		国立情報学研究所 メタデータ主題語彙集	NIIsubject	下記URL参照 http://www.nii.ac.jp/metadata/manual/NII-category.pdf			0	unbounded		subject	version
6		日本十進分類法	NDC				0	unbounded		subject	version
7		国立国会図書館分類表	NDLC				0	unbounded		subject	version
8	主題	日本件名標目	BSH				0	unbounded		subject	version
9		国立国会図書館件名標目表	NDLSH				0	unbounded		subject	version
10		医学件名標目表	MeSH				0	unbounded		subject	version
11		デューイ十進分類法	DDC				0	unbounded		subject	version
12		米国議会図書館分類表	LCC				0	unbounded		subject	version
13		国際十進分類法	UDC				0	unbounded		subject	version
14		米国議会図書館件名標目表	LCSH				0	unbounded		subject	version
15		内容記述	description	論文の抄録 会議議事録にあっては、会議名、開催地、日時等 その他コンテンツの内容を示すことを記述			0	unbounded		description	
16		公開者	publisher	コンテンツ本体の公開を行った個人、組織、団体			0	unbounded		publisher	lang id
17		寄与者	contributor	コンテンツ本体の作成に関わりを持つ個人、組織、団体			0	unbounded		contributor	lang id
18		日付	date	コンテンツの作成日付			0	unbounded	YYYY-MM-DD, YYYY-MM, YYYY	date	
19		資源タイプ	type	コンテンツの種類（自由記述）			0	unbounded	[Journal Article | Thesis or Dissertation | Departmental Bulletin Paper | Conference Paper | Presentation | Book | Technical Report | Research Paper | Article | Preprint | Learning Material | Data or Dataset | Software | Others]	type	
20		国立情報学研究所 メタデータ主題語彙集（資源タイプ）	NIItype		必須	×	1	1	[Journal Article | Thesis or Dissertation | Departmental Bulletin Paper | Conference Paper | Presentation | Book | Technical Report | Research Paper | Article | Preprint | Learning Material | Data or Dataset | Software | Others]	type	
21		フォーマット	format	Internet Media Typeで規定されるファイル形式			0	unbounded		format	
22		その他の資源識別子	identifier	23項、24項以外の資源識別子			0	unbounded		identifier	
23	資源識別子	書誌掲載誌ID（アイテム固有へのリンク）	URI	コンテンツ本体を表示する画面へのURL	必須	×	1	1	URI	identifier	
24		本文テキストURL	fullTextURL		あれば必須		0	unbounded	URI	identifier	
25		JaLCDOI	selfDOI		あれば必須		0	1	URI（infodoi/で記述すること）	identifier	ra [JaLC/CrossRef]
26		ISBN	isbn		あれば必須		0	unbounded	d\d4\.\d3部\.\dXxx	identifier	
27		ISSN	issn		あれば必須		0	unbounded		identifier	
28		書誌レコードID（総合目録DB）	NCID		あれば必須		0	unbounded		identifier	
29		雑誌名	title		あれば必須		0	1			lang
30		巻	volume		あれば必須		0	1		折りたたみ編集の上、identifier	
31	掲載誌情報	号	issue		あれば必須		0	1			
32		開始ページ	spage	論文の開始ページ	あれば必須		0	1			
33		終了ページ	epage	論文の終了ページ	あれば必須		0	1			
34		刊行年月	dateofissued		あれば必須		0	1	YYYY-MM-DD, YYYY-MM, YYYY	date	
35		情報源	source				0	unbounded		source	

連番	大項目	項目	element	内容	必須	繰返し可否	minOccurs	maxOccurs	書式（空白の場合は文字列）ISO-639-2	oai_dcにダウンロードせむときの行先属性	オプションの属性
36		言語	language	コンテンツ本文の言語			0	unbounded	ISO-639-2	language	
37		他の資源との関係	relation				0	unbounded		relation	
38	ID	PubMed番号	pmid				0	1	URI（infopmid/で記述すること）	relation	
39		DOI	doi				0	1	URI（infodoi/で記述すること）	relation	
40		NII論文ID	NAID				0	1	URI	relation	
41		医中誌ID	ichushi				0	1	URI	relation	
42	版に関する情報	異版である	isVersionOf	当該コンテンツに対して、参照先のコンテンツを主たる版とみなすことができる。			0	unbounded	URI	relation	
43		異版あり	hasVersion	当該コンテンツが参照先のリソースを別なる版として持つ			0	unbounded	URI	relation	
44		置換される	isReplacedBy	当該コンテンツが参照先のコンテンツによって置き換わる			0	unbounded	URI	relation	
45		置換する	replaces	当該コンテンツが参照先のコンテンツを新しく置き換える			0	unbounded	URI	relation	
46		要件とされる	isRequiredBy	参照先のコンテンツを利用するにあたり、当該コンテンツを必要とする			0	unbounded	URI	relation	
47		要件とする	requires	当該コンテンツを利用するにあたり、参照先のコンテンツを必要とする			0	unbounded	URI	relation	
48		部分である	isPartOf	当該コンテンツが参照先コンテンツの部分をなす			0	unbounded	URI	relation	
49		部分を持つ	hasPart	当該コンテンツが参照先のコンテンツを部分として持つ			0	unbounded	URI	relation	
50		参照される	isReferencedBy	当該コンテンツが参照先のコンテンツから関連づけられている			0	unbounded	URI	relation	
51		参照する	references	当該コンテンツが参照先のコンテンツを関連付けている			0	unbounded	URI	relation	
52		別フォーマットである	isFormatOf	当該コンテンツが参照先のコンテンツと内容同じであるが、Foarmatは異なる			0	unbounded	URI	relation	
53		別フォーマットあり	hasFormat	当該コンテンツが参照先コンテンツに異なるフォーマットを持つ			0	unbounded	URI	relation	
54		範囲	coverage				0	unbounded		coverage	
55	地理的範囲	空間的	spatial				0	unbounded		coverage	
56		国立情報学研究所メタデータ主題語彙集（地域）	NIIspatial				0	unbounded		coverage	
57	時系列範囲	時間的	temporal				0	unbounded		coverage	
58		国立情報学研究所メタデータ主題語彙集（時代）	NIItemporal				0	unbounded		coverage	
59		権利	rights	コンテンツ本体に関する権利規定			0	unbounded		rights	
60		著者版フラグ	textversion	コンテンツ本体のバージョン author:著者版 publisher:出版社版 ETD:博士論文全文を含む none:上記以外	あれば必須		0	1	[author | publisher | ETD | none]		
61	博士論文情報	学位授与番号	granid		あれば必須		0	1	科研費課題番号（5桁）＋甲乙/甲乙＋報告番号＋号 の形式で記述する。※*は半角以上の任意の文字列。＋は半角の連続を示す。※科研費課題番号及び報告番号は半角数値。	identifier	
62		学位授与年月日	dategranted		あれば必須		0	1	YYYY-MM-DD	date	
63		学位名	degreename		あれば必須		0	1		description	
64		学位授与機関	grantor		あれば必須		0	1		description	

オプションの属性	書式
lang	RFC3066
version	実数
id	URI
ra	JaLC｜CrossRef

表 13.9　junii2　メタデータフォーマットの資源タイプ[(3)]

項　目	内　容	
Journal Article	学術雑誌論文	学術雑誌に掲載された論文
Thesis or Dissertation	学位論文	博士論文，修士論文等 授与年度，論文／課程，学位の種別等は必要に応じて Description に記入する。
Departmental Bulletin Paper	紀要論文	紀要類に掲載された論文 表紙や目次は Others とする。
Conference Paper	会議発表論文	会議の報告書等に掲載された論文 会議名，開催地，日時等は必要に応じて Description に記入する。
Presentation	会議発表用資料	会議で発表されたプレゼンテーション資料，ポスター，口頭発表資料等 会議名，開催地，日時等は必要に応じて Description に記入する。
Book	図書	図書の章（Chapter）も含む。
Technical Report	テクニカルレポート	テクニカルレポート，ディスカッションペーパー，ワーキングペーパー等の機関発行の報告書
Research Paper	研究報告書	科研費や COE 等，研究助成金による研究成果の報告書 種別（助成元，研究課題の種類）等は必要に応じて Description に記入する。
Article	一般雑誌記事	学術論文以外の記事（コラム等）
Preprint	プレプリント	プレプリント
Learning Material	教材	授業等で用いる資料類
Data or Dataset	データ・データベース	実験記録等のファクトデータ，及びそれらの集合からなるデータベース等
Software	ソフトウェア	ソフトウェア
Others	その他	上記以外のもの 紀要等の表紙や目次は Others とする。

る方法が取られていることが多い。その内部メタデータは，提供先に合わせた XML 等の形式に変換され出力される。NII のハーベスティングにはプロトコルの OAI-PMH が使用されている。

　したがって，メタデータの作成は junii2 のメタデータ要素を踏まえた，各機関でのエクセルファイルへの入力が基本となる。要は各書誌事項等についての認識とその決定，そして正確な入力が重要である。

〈エクセル入力ファイルの具体例〉

エクセル入力用ファイルに，次の論文を入力してみると表13.10のようになる。

藤倉恵一「『日本十進分類法』新訂10版をめぐって」『現代の図書館』Vol.48，No.4，2010.12，pp.217-223

表13.10　エクセルファイルへの入力例 [4]

タイトル：タイトル	『日本十進分類法』新訂10版をめぐって
タイトル：カナ	ニホン　ジッシン　ブンルイホウ　シンテイ　10パン　オ　メグッテ
タイトル：ローマ字	Nihon jissin bunruiho shintei 10ppan o megutte
別タイトル：タイトル	On the NDC10 (Nippon Dicimal Classification 10th edition)
別タイトル：カナ	
別タイトル：ローマ字	
著者：著者ID	
著者：名前	藤倉，恵一
著者：ローマ字	Fujikura, Keiichi
著者：カナ	フジクラ，ケイイチ
著者：所属	文教大学越谷図書館
著者：所属（翻訳）	Bunkyo University Koshigaya Library
著者：役割	
著者：外部リンク	
版	
出版地	東京
出版者：名前	日本図書館協会
出版者：カナ	ニホン　トショカン　キョウカイ
出版者：ローマ字	Japan Library Association
日付：出版年（F）	2010
日付：出版年（T）	2010
日付：作成日	
日付：修正日	
日付：記録日	
形態	
上位タイトル：タイトル	現代の図書館
上位タイトル：翻訳	Libraries Today
上位タイトル：巻	48
上位タイトル：号	4
上位タイトル：年月次（年）	2010
上位タイトル：年月次（月）	12
上位タイトル：開始ページ	217
上位タイトル：終了ページ	223
識別番号（ISSN）	00166332
識別番号（URI）	
識別番号（ISBN）	
識別番号（DOI）	
識別番号（その他）	

抄録	
目次	
キーワード	日本十進分類法　NDC　図書分類法
分類：NDC	014.45
注記	
言語	jpn
資源タイプ	text
ジャンル	Journal Article
このアイテムを表示する：画像（jpeg）	
このアイテムを表示する：本文（PDF）	
このアイテムを表示する：URI	
アクセス条件	
SORTID	
AID	

［演習問題］
　表13.10のような入力ファイルを利用して，学術雑誌掲載論文，紀要論文，科学研究費補助金成果報告書，学位論文，研究発表プレゼン資料などのメタデータを作成する練習をしてみよう。

■注・引用文献――

(1) メタデータ作成マニュアルは公開されていないので，作成法の紹介は，筆者が提供されている書誌情報から推定したものであることをお断りしておく。

(2) https://www.nii.ac.jp/irp/archive/system/pdf/junii2_elements_guide_ver3.1.pdf（accessed 2020.4.4）

(3) https://www.nii.ac.jp/irp/archive/system/pdf/type_NII.pdf（accessed 2020.4.4）

(4) 文教大学図書館が使用しているエクセルファイルを参考に，IRDBにおける書誌データを入力し作成した。

参考文献

（図書）

〈情報資源組織化，書誌コントロール〉

榎本裕希子［ほか］『情報資源組織論』第2版　学文社，2019，157p.（ベーシック司書講座・
　図書館の基礎と展望3）

柴田正美，高畑悦子『情報資源組織論』3訂版　日本図書館協会，2020，262p.（JLA図書館
　情報学テキストシリーズⅢ　9）

「書誌コントロール」『図書館情報学ハンドブック』第2版　丸善，1999，pp.367-533

「資料・メディアの組織化」『図書館ハンドブック』第6版補訂2版　日本図書館協会，2016，
　pp.279-351, 459-465

田窪直規編『情報資源組織論』3訂　樹村房，2020，232p.（現代図書館情報学シリーズ9）

長田秀一『情報・知識資源の組織化』サンウェイ出版，2011，254p.

人間文化研究機構国文学研究資料館編『アーカイブズ情報の共有化に向けて：アーカイブズ研
　究系』岩田書院，2010，284p.

根本彰『文献世界の構造：書誌コントロール論序説』勁草書房，1998，273p.

根本彰，岸田和明編『情報資源の組織化と提供』東京大学出版会，2013，198p.（シリーズ図
　書館情報学2）

水嶋英治，田窪直規編著『ミュージアムの情報資源と目録・カタログ』樹村房，2017，202p.（博
　物館情報学シリーズ1）

渡邊隆弘編『情報環境の変化に適切に対応する目録規則の在り方に関する研究：研究成果報告
　書』科学研究費基盤研究（C），課題番号22500223，2013，286p.

和中幹雄編『情報環境の変化に適切に対応する書誌コントロールの在り方に関する研究：研究
　成果報告書』科学研究費基盤研究（C），課題番号25330391，2016，251p.

Chan, Lois Mai.（上田修一ほか訳）『目録と分類』勁草書房，1987，418p.

Chan, Lois Mai. *Cataloging and Classification: an Introduction.* 4th ed. Lanham, Md.: Rowman
　& Littlefield, ［2016, 1］784p.

Taylor, Arlene G., Joudrey, Daniel N. *The organization of information.* 4th ed. Westport,
　Libraries Unlimited, 2018, 722p.

〈目録法〉

上田修一，蟹瀬智弘『RDA入門：目録規則の新たな展開』日本図書館協会，2014，205p.（JLA
　図書館実践シリーズ23）

蟹瀬智弘『NCR2018の要点解説：資源の記述のための目録規則』樹村房，2023，184p.

木村麻衣子『「日本目録規則2018年版」入門』日本図書館協会，2022，149p.（JLA図書館実

践シリーズ 47)

渋川雅敏『目録の歴史』勁草書房，1985，212p.（図書館・情報学シリーズ 9）

日本図書館協会目録委員会編『日本目録規則 2018 年版』日本図書館協会，2018，761p.

IFLA. Functional Requirements for Bibliographic Records: Final Report. Munchen, K.G. Saur, 1998. 136p.

IFLA（和中幹雄ほか訳）『書誌レコードの機能要件 IFLA 書誌レコード機能要件研究グループ最終報告』日本図書館協会，2004，121p.

Riva, Pat., Le Bœuf, Patrick., Žumer, Maja.（和中幹雄，古川肇訳者代表）『IFLA 図書館参照モデル：書誌情報の概念モデル』樹村房，2019，104, 7p.

Tillett, Barbara B., Library of Congress.（酒井由紀子［ほか］共訳）『RDA 資源の記述とアクセス：理念と実践』樹村房，2014，383p.

〈主題組織法〉

愛知淑徳大学図書館編，鹿島みづき著『レファレンスサービスのための主題・主題分析・統制語彙』勉誠出版，2009，203p.

鹿島みづき『主題アクセスとメタデータ記述のための LCSH 入門』樹村房，2013，223p.

蟹瀬智弘『NDC への招待：図書分類の技術と実践』樹村房，2015，293p.

川村敬一『サブジェクト・インディケーション：主題表示におけるエリック・コーツの寄与』日外アソシエーツ，1988，283p.

小林康隆編著『NDC の手引き：「日本十進分類法」新訂 10 版入門』日本図書館協会，2017，208p.（JLA 図書館実践シリーズ 32）

日本図書館協会件名標目委員会編『基本件名標目表 第 4 版』日本図書館協会，1999，2 冊

日本図書館協会分類委員会編『日本十進分類法 新訂 10 版』日本図書館協会，2014，2 冊

藤倉恵一『日本十進分類法の成立と展開：日本の「標準」への道程 1928-1949』樹村房，2018，310p.

丸山昭二郎，丸山泰通編『図書分類の記号変換：DDC, LCC, NDC』丸善，1984，222p.

緑川信之『本を分類する』勁草書房，1996，224p.

宮沢厚雄『分類法キイノート：日本十進分類法［新訂 10 版］対応』増補第 2 版 樹村房，2017，104p.

Aitchson, Jean; Gilchrist, Alan.（内藤衛亮ほか訳）『シソーラス構築法』丸善，1989，195p.

Dewey Decimal Classification, DDC 23. OCLC Online Computer Library Center, 2011, 4v.

Foskett, A.C. *The subject approach to information.* 5th ed. London, Library Association, 1996, 15, 456p.

Mills, J.（山田常雄訳）『現代図書館分類法概論』日本図書館研究会，1982，193p.

Mills, J. et al.（田窪直規ほか訳）『資料分類法の基礎理論』日外アソシエーツ，1997，309p.

〈書誌情報システム〉

飯野勝則『図書館を変える！ウェブスケールディスカバリー入門』出版ニュース社，2016（ジャパンナレッジライブラリアンシリーズ）

宮沢彰『図書館ネットワーク：書誌ユーティリティの世界』国立情報学研究所，2002, 193p.（情報学シリーズ 5）

〈ネットワーク情報資源の組織化，新たな情報資源組織化〉

AIDOS 編著『オントロジ技術入門』東京電機大学出版局，2005，142 p.

兼岩憲『セマンティック web とリンクトデータ』コロナ社，2017，229p.

神崎正英『セマンティック・ウェブのための RDF/OWL 入門』森北出版，2005，224p.

杉本重雄編『図書館情報技術論』樹村房，2014，208p.（現代図書館情報学シリーズ 3）

谷口祥一『メタデータの現在：情報の組織化の新たな展開』勉誠出版，2010, 154p.（ネットワーク時代の図書館情報学）

谷口祥一，緑川信之『知識資源のメタデータ』第 2 版　勁草書房，2016，280p.

日本図書館情報学会研究委員会編『メタデータとウェブサービス』勉誠出版，2016, 207p.（わかる！　図書館情報学シリーズ第 3 巻）

細野公男，長塚隆『デジタル環境と図書館の未来：これからの図書館に求められるもの』　日外アソシエーツ，2016，253p.（図書館サポートフォーラムシリーズ）

PREMIS 編集委員会編（栗山正光訳）『PREMIS 保存メタデータのためのデータ辞書　第 2.0 版』日本図書館協会，2010，219p.

Heath, Tom., Bizer, Christian.（武田英明監訳）『Linked Data：Web をグローバルなデータ空間にする仕組み』近代科学社，2013，139p.

〈情報資源組織演習〉

蟹瀬智弘『やさしく詳しい NACSIS-CAT』　樹村房，2017，249p.

小西和信，田窪直規編『情報資源組織演習』三訂　樹村房，2021，283p.（現代図書館情報学シリーズ 10）

和中幹雄［ほか］共著『情報資源組織演習』三訂版　日本図書館協会，2023，286p.（JLA 図書館情報学テキストシリーズⅢ　10）

（雑誌・論文・サイト等）

〈情報資源組織化，書誌コントロール〉

国立国会図書館「書誌データの作成および提供」https://www.ndl.go.jp/jp/data/index.html（accessed 2020.4.4）

「特集：NDC90 周年と NCR2018 刊行を記念して」『図書館雑誌』Vol.113，No.8，2019，pp.498-516

Tillett, Barbara B.「Linked Open Data による書誌コントロール：Bibliographic Framework Intiative のめざすもの：同志社大学図書館司書課程特別講演会記録」, *Bibliographic Control and Linked Open Data:The Challenge of the Bibliographic Framework Initiative*（同志社大学図書館司書課程特別講演会記録英文記録）『図書館学年報』第 39 号，2013，pp.5-52

〈目録法〉

蟹瀬智弘「日本目録規則 2018 年版（NCR2018）条文案の RDA との比較および今後の展開について」『図書館界』Vol.70，No.2，2018，pp.442-447

国立国会図書館『JAPAN/MARC MARC21 フォーマットマニュアル』

　　・単行・逐次刊行資料編

　　https://www.ndl.go.jp/jp/data/JAPANMARC_MARC21manual_MS.pdf（accessed 2020.4.4）

　　・典拠編

　　https://www.ndl.go.jp/jp/data/JAPANMARC_MARC21manual_A.pdf（accessed 2020.4.4）

「特集：新しい『日本目録規則』(NCR)」『現代の図書館』Vol.55，No.4，2017，pp.167-191

「特集：NACSIS-CAT/ILL のこれまでとこれから」『大学の図書館』39（3），2020，pp.26-46

渡邊隆弘「『日本目録規則 2018 年版』のはじまり：実装に向けて」『カレントアウエアネス』No.340，2019.6，pp.12-14

和中幹雄「IFLA Library Reference Model の概要」『カレントアウエアネス』No.335，2018.3，pp.27-31

OCLC「バーチャル国際典拠ファイル（VIAF）」http://viaf.org/（accessed 2020.4.4）

「RDA：ウェブの世界に乗り出す目録規則（解説），『RDA』：図書館をセマンティック・ウェブに適したものに」『カレントアウェアネス・ポータル』No.311，2012.3，pp.16-23

RDA Toolkit. https://www.rdatoolkit.org/（accessed 2020.4.4）

Riva, Pat., Le Bœuf, Patrick., Žumer, Maja. *IFLA Library Reference Model: A Conceptual Model for Bibliographic Information.* 2017, IFLA. https://www.ifla.org/files/assets/cataloguing/frbr-lrm/ifla-lrm-august-2017_rev201712.pdf（accessed 2020.4.4）

〈主題組織法〉

大曲俊雄．NDC10 版の変わったところ．専門図書館．2015，(272)，pp.32-36

髙橋良平「『日本十進分類法』新訂 10 版の概要」『カレントアウェアネス』No.324. 2015.6，pp.11-14

中井万知子「日本十進分類法（NDC）の Linked Data 形式化に関する共同研究：NDC の新し

い動き」『図書館雑誌』Vol.110, No.2, 2016, pp.68-69

中井万知子［ほか］「日本十進分類法の Linked Data 化：セマンティック Web への対応を目指して」『情報管理』科学技術振興機構, Vol.59, No4, 2016, pp.209-217

永森光晴, 杉本重雄「国会図書館件名標目表（NDLSH）の SKOS 化とそのグラフィカルブラウザの作成」『情報処理学会研究報告』2006.11.16, pp.11-19

那須雅煕「『日本十進分類法（NDC）新訂 10 版』の刊行によせて」『図書館雑誌』Vol.109, No.2, 2015, pp.96-97

橋詰秋子「ウェブ時代の図書館分類法：Linked Data の可能性」『現代の図書館』Vol.53, No.3, 2015, pp.143-148

藤倉恵一「日本十進分類法（NDC）新訂 10 版を概観する」『大学図書館問題研究会誌』2015, 第 40 号, pp.11-24

藤倉恵一「『日本十進分類法』新訂 10 版のあとさき」『現代の図書館』Vol.53, No.1, 2015, pp.39-46

藤倉恵一「「日本十進分類法」新訂 10 版の刊行」『大学の図書館』2015, 34（5）, pp.69-72

間部志保［ほか］「知識組織化系における SKOS 適用の可能性」『情報メディア研究』10 巻, 1 号, 2011, pp.75-87

山本昭「Functional Requirements for Subject Authority Data（FRSAD）のモデルについて」『TP&D フォーラム・シリーズ XXIII』2014.7, pp.44-60

〈書誌情報システム〉
飯野勝則「ウェブスケールディスカバリーの誕生と展開：情報検索ツールの歴史的変遷とスケーラビリティーの視点から」『大学図書館研究』102 号, 2015.8, pp.11-21

国立情報学研究所「目録所在情報サービス」
　https://www.nii.ac.jp/CAT-ILL/（accessed 2020.4.4）

これからの学術情報システム構築検討委員会「NACSIS-CAT/ILL 計量化・合理化について（最終まとめ）2018 年 10 月 19 日」
　https://www.nii.ac.jp/content/korekara/archive/korekara_doc20181019.pdf（accessed 2020.4.4）

林豊「最近の図書館システムの基礎知識：リンクリゾルバ, ディスカバリーサービス, 文献管理ツール」『専門図書館』No.264, 2014.3, pp.2-8

〈ネットワーク情報資源の組織化, 新たな情報資源組織化〉
神崎正英「メタ情報とセマンティック・ウェブ」
　https://kanzaki.com/docs/sw/（accessed 2020.4.4）

国立国会図書館「電子情報に関する標準」

https://www.ndl.go.jp/jp/dlib/standards/index.html（accessed 2020.4.4）

国立情報学研究所「学術機関リポジトリ構築連携支援事業」
https://www.nii.ac.jp/irp/（accessed 2020.4.4）

柴田洋子「ウェブで広がる図書館のメタデータを目指して：RDA と BIBFRAME」『カレント
アウェアネス』No.322，2014.12，pp.18-22

谷口祥一「BIBFRAME とその問題点：RDA メタデータの観点から」『情報管理』Vol.58，
No.1，2015，pp.20-27

谷口祥一「BIBFRAME 2.0 の意義を問い直す」『三田図書館・情報学会研究大会発表論文集』
2016 年度，pp.5-8
http://www.mslis.jp/am2016yoko/02_taniguchi.pdf（accessed 2020.4.4）

橋詰秋子「なぜ図書館は Linked Data に取り組むのか：欧米の事例から」『情報管理』Vol.58，
No.2，2015，pp.127-134

吉野知義「ONIX：書籍流通における出版社のメタデータ標準化」『カレントアウェアネス』
No.308，2011.6，pp.11-15

Guenther, Rebecca S.（鹿島みづき訳，酒井由紀子翻訳協力）「MODS：メタデータオブジェク
トディスクリプションスキーマ」ライブラリシステム研究会
http://project.lib.keio.ac.jp/libsys/doc/MODS_001.pdf（accessed 2011.7.19）

Riley, Jenn.（国立国会図書館電子情報部電子情報流通課訳）『メタデータを理解する：メタデー
タとは何か　なぜ必要か』（米国情報標準化機構（NISO）による入門書）
https://www.ndl.go.jp/jp/dlib/standards/translation/pdf/understandingmetadata_ndl.pdf
（accessed 2020.4.4）

欧文索引

和文索引

監 修

大串　夏身　（昭和女子大学名誉教授）
金沢　みどり（東洋英和女学院大学教授）

著 者

那須　雅熙（なす　まさき）
経　　歴：国立国会図書館職員，聖徳大学教授，東京農業大学教授。日本図書館協会分類委員会前委員長
［執筆分担　第1章～第5章・第6章第1節1・2・3(1)～(3)・4(1)～(2)・第2節～第4節，第7章，第9章～第11章，第12章第2節，第13章］

蟹瀬　智弘（かにせ　ともひろ）
現　　職：藤女子大学教授（特別任用教員）。日本図書館協会分類委員会委員
主な著書：『RDA入門』（共著，日本図書館協会，2014）
　　　　　『NDCへの招待：図書分類の技術と実践』（樹村房，2015）
　　　　　『やさしく詳しいNACSIS-CAT』（樹村房，2017）
　　　　　『NCR2018の要点解説：資源の記述のための目録規則』（樹村房，2023）
［執筆分担　第6章第1節3(4)・4(3)・5，第8章，第12章第1節）

［ライブラリー　図書館情報学9］
第3版 情報資源組織論及び演習

2012年1月31日　第1版第1刷発行		
2016年2月20日　第2版第1刷発行		
2020年9月10日　第3版第1刷発行	監　修	大串　　夏身
2023年10月10日　第3版第3刷発行		金沢　みどり
	著　者	那須　　雅熙
		蟹瀬　　智弘

発行者　田中　千津子

発行所　株式会社　学文社

〒153-0064　東京都目黒区下目黒3-6-1
電話　03（3715）1501（代）
FAX　03（3715）2012
https://www.gakubunsha.com

© Masaki Nasu／Tomohiro Kanise　Printed in Japan 2020　　印刷　新灯印刷
乱丁・落丁の場合は本社でお取替えします。
定価はカバーに表示。

ISBN 978-4-7620-3012-3

ライブラリー　図書館情報学
〔全10巻〕

監修
大串　夏身　（昭和女子大学名誉教授）
金沢 みどり（東洋英和女学院大学人間科学部教授）

　高度情報通信ネットワークを基盤とした新しい社会が姿を表しつつあります。それは日本の情報政策でも示唆されているように，知識が次々と生まれる創造的な社会であり，誰でもがネットワークを活用するユビキタスネット社会であり，ネットワークを積極的に活用して課題を解決していく社会です。また，デジタル化された知識と情報をいつでも誰でもがネットワークを通して入手できる社会でもあります。こうした社会では，図書館は新しい役割を，またそれにふさわしいサービスの創造・提供を期待されています。

　新しい時代の図書館の担い手である司書の新カリキュラムが平成24年度から開始されました。本シリーズは，新カリキュラムに沿って作成されたものです。同時に，新しい時代の図書館の担い手にふさわしい司書のあり方を視野に入れた創造的なテキストであることを目指すものでもあります。これからの司書の育成に大いに貢献することを期待して新シリーズを送り出すものです。